新活力

上海交通大学出版社
SHANGHAI JIAO TONG UNIVERSITY PRESS

内容提要

数字化转型势不可挡，让商业环境变得更加复杂多变，这就要求企业重新思考新技术对生产、供应链、营销、员工和组织架构等带来的冲击，并做好应对。

本书以新活力为主题，提出“生力企业”与“活力营销”的独家观点，深度探讨了企业在数字化转型过程中如何与客户建立关联度，如何重塑数字时代品牌理念，从而保持持久活力。

行业颠覆是否可以预测？如何预测？在通往智能化的道路上，AI给企业运营带来前所未有的支持，但企业上下是否对人机协作的未来达成共识并做好准备？特别是中国企业与员工是如何看待这一趋势的？

围绕以上议题，本书提供了相关研究成果与实践分享。

本书可供企业管理者参考、阅读。

图书在版编目（CIP）数据

新活力 ／埃森哲中国编. —— 上海：上海交通大学出版社，2018
ISBN 978-7-313-20249-9

I. ①新… II. ①埃… III. ① 企业发展-研究-中国 IV. ① F279.23

中国版本图书馆CIP数据核字（2018）第226427号

新活力

编　　者：埃森哲中国　　　　地　址：上海市番禺路951号
出版发行：上海交通大学出版社　　电　话：021-64071208
邮政编码：200030
出 版 人：谈毅
印　　制：上海锦佳印刷有限公司　　经　销：全国新华书店
开　　本：787mm×1092mm 1/16　　印　张：5
字　　数：108千字
版　　次：2018年10月第1版　　印　次：2018年10月第1次印刷
书　　号：ISBN 978-7-313-20249-9/F
定　　价：50.00元

编者按

埃森哲全球副总裁
大中华区主席
朱 伟

创新活力生生不息

戊戌年的这个夏天并不宁静。

国际上，中美贸易摩擦尚难看到止息迹象，让中国企业的海外市场布局、跨国公司的供应链管理和数字经济的全球治理面临严峻考验；在国内，企业的内生增长挑战加剧，有关“消费升级”遭遇“消费降级”的争议持续发酵，人工智能与劳动就业的思辨也未停歇。

我们与中国客户携手迈入改革开放的不惑之年，无疑会有更多亟待求解的转型新课题。

我认为，创新是转型成功的金钥匙。创新者无畏风雨交加，他们进行创新的本质不是破坏，而是创造，将新的洞察力转化为有效的价值创造活动。必要时，他们勇于迭代进化、自我颠覆。而数字化转型，能够为中国企业提供事半功倍的价值增长。作为客户常年托付的卓越伙伴，埃森哲为此风雨兼程。

我们最新发布的中国企业数字化指数调研显示，大凡引领行业变革的优秀企业，都在数字转型能力上颇有建树，这使他们的收入增长率达到一般同行的5.5倍之多。他们在数字化创新和智能化运营方面的不懈努力，使他们近年创办的新业务营收占比迅速攀升，并完全超越原有业务，汇成了中国实体经济发展的新动能。

企业内生增长陷入瓶颈，其实是一个世界性的难题。在数字消费时代，传统优势品牌如何永葆青春，也并不只是中国大型企业的痛点。本辑《展望》，将重点为各位解读这些挑战背后的深层次原因，以及我们通过研究分析领军企业得出的行动建议。

数字转型，可以使企业与客户的关联度更深、更广，传统企业更要摆脱片面追求品牌“知名度”、“美誉度”和“顾客忠诚度”的思维桎梏，才能在产品同质化严重、营收增长乏力的市场中脱颖而出，成为数字商业的生力军。这就是本辑封面《新活力》的题中应有之义。在这一专题中，我们根据品牌营销的时代变迁提出了“生力企业”与“活力营销”的独家观点，并特意专访了百威集团的创新团队作为生动案例。

企业的新活力，不仅在于产品、服务和营销的创新，还在于组织形态和员工结构向更高层次的跃迁。后者与技术发展密不可分。得益于埃森哲对多国企业的高管与员工调研，我们剖析出中国企业对于智能技术欲迎还拒的矛盾心态。究其根本，或许就是“人机协作”与“机器换人”的新旧观念碰撞。希望这一研究对您的企业部署人工智能有所启发。

数字技术对不同行业的颠覆仍在持续，犹如不同类型的战场。我们用四分法和“颠覆性指数”工具透视行业变革，初衷就是让数字颠覆“去神秘化”，期望您的企业同样有机会在行业数字化的时空交错中发起属于自己的颠覆式创新——这部分研究也是首次在《展望》发表。

最后值得一提的是，承蒙各位读者对《展望》内容的厚爱以及客户对埃森哲数字转型课题的厚望，我们本期开辟“数字转型伙伴说”新栏目，期待更多的企业领导者向《展望》朋友圈分享应用新技术、推进新变革的读后感言与真知灼见。

让我们与大家在数字转型之旅中相逢相知、相伴同行！

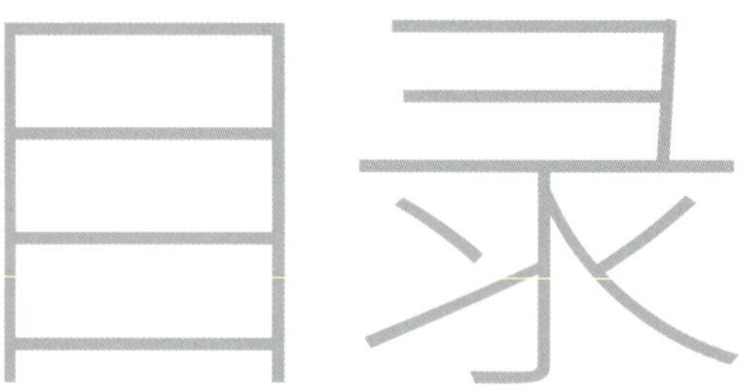

目录

访谈

趋势

技术

行业观察

数字转型伙伴说

数字转型，已是中国各行各业共同探索和实践的创新之路。《展望》一路都在分享埃森哲与领军企业的经验与体验，也收获着更多企业领导者的共鸣。如何应用新技术？如何推进新业务？如何管理数字化变革？全新栏目《数字转型伙伴说》期待您与朋友圈的分享，为更多同行伙伴带来有益的参考。

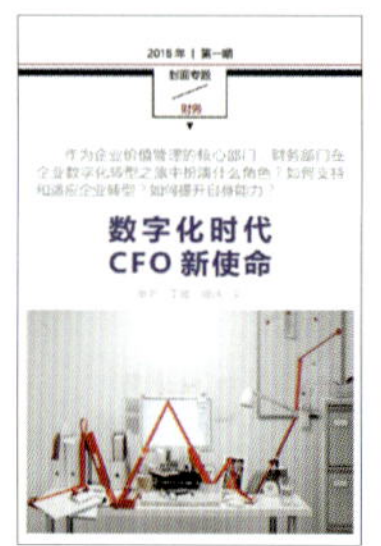

《数字化时代CFO新使命》

埃森哲《展望》2018年第一期《智运营》

陈沛 中国联通财务部副总经理

业务架构的重塑和组织架构的重塑，共同构成企业数字化转型。成功的数字化需要包括对象数字化、流程数字化和规则数字化。财务部门三大职能则包括管理风险、管理账务和价值创造。前两个职能是基础，第三个职能是战略性的。财务部门需要借助数字平台，从底层机制创新以及业务和财务的融合中发现新活力。会计工作的实质就是把线下交易数据搬到线上。随着交易的电商化和交易凭证的电子化，会计职业正在被信息技术替代。比如，我们集团的办公用品采购已经全面电商化，所有交易和支付都是自动化处理的。在专业市场，我们与大供应商百亿级别的交易也推进了自动化和智能化。在今年年底，我们要撤销初核会计岗位，让整个会计进入智能时代。交易智能加管理智能，再加上生产智能，就是我们"中国制造2025"两化融合的目标。

肖圣 中铁股份有限公司财务部副部长

数据资产本身，将成为企业管理不可或缺的要素。财务的数字化转型应解决融合的问题，这不仅是让财务与业务融合，还应该跟运营管理和决策融合，跟上下游业务链条上的所有客户和供应商融合。建筑行业的人员、资金、项目分散，财务管理难度特别大。正是我们业务的信息化、工程项目管理系统的成熟和推广，为我们建设财务共享提供了重要支柱。中铁财务共享中心有四个特点：一是业态融合——项目管理与财务、税务和资金系统相互融合；二是闭环管理——让共享行为和资金流向联动，基于全部账户、全部资金的管理提供财务管控点；三是自动化核算——目前自动化程度达到90%以上；四是系统延展性——未来很多其他业务系统都会跟财务共享对接。我们的目标不仅是建设财务共享平台，更是建设整个公司的业务共享平台，并通过数据资产挖掘支撑管理决策。

《智能时代：以技术洞悉人性》

埃森哲《展望》2018年第一期《智运营》

陈开来 Autonomic中国区总监

"出行即服务"是一个比传统汽车市场更为巨大的市场。其中不仅有传统的汽车厂商，还包括共享出行、保险、外卖等不同业务的参与者。市场的一边连接的是作为工具的车或者服务提供商，另一边则是希望获得更好出行体验的广大消费者。关键是如何把他们连接起来。数据和体验是一个硬币的两面。消费者追求数据安全，不希望个人隐私在共享出行的市场中被泄露出去，但同时又希望获得共享出行的好体验。如何在这当中找到平衡点？对于从业人员来说，就需要通过为客户提供快速的体验，得到客户认可，使客户愿意授权我们访问更多的数据，以获得更好的体验。因此，这是一个快速的、不断迭代的循环。在这个循环的过程当中能更加快速地完成循环、迭代的一方将在出行服务的市场上获得额外的竞争优势。

《新消费新力量》

杨静怡 寺库赋能生态云首席执行官

对于奢侈品或者高端消费者来说，购买的社交价值会远大于它的使用意义。在开展社交特别是精准社交营销时，我们反向为之，从销售的角度来反推、了解实际的客户。如借助电商数据库，对已经购买过产品的“种子用户”进行分析，了解现有客户的社交特点，再通过这样的方式对目标客户开展营销。测试证明，这样的“社交零售化”帮助销售获得了20%~3,000%不等的提升。此外，59%的消费者更加注重“喜欢”的感觉，而不是物件本身。因此我们把整个上海体验中心门店，从“零售”、“商场”的角度，全部重新打造成了“你的极致家”。客户进入体验中心后，发现不仅“家”中厨房、餐厅、卧室、会客室、书房的所有奢侈品是可以拿来使用，而不仅仅是展示，甚至直接把“家”变为宴请宾客的活动场所，因而从活动中带出了销售。我们称之为“零售社交化”。

杨璐 土巴兔首席营销官

我们最近的一次调研发现，最明显的变化就是受众的年轻化。无论以什么形态拥有一套房子，年轻人对居住和自我实现的需要都是一种刚需。人们体验的颗粒度在变小，从过去一套家装的大需求到现在出现了局改、收纳、换房间颜色、换地毯等越来越细腻的需求，而且这些小颗粒度的需求是持续的。每一个过程和颗粒度的感知，都是自我实现的需要。年轻化带来的另外一个必然的变化，就是决策权的迁移。过去，决策权往往在父辈手中，而今天，即使是再忙的年轻人都希望与自己居所相关的决策是掌握在自己手中的。对于家装电商平台土巴兔来说，关于消费趋势或需求本身的变化，我们关注的重点是在链条的整合上——从信息的撮合，到交易的撮合，以及信任障碍的解决，到后续的所有资金监管服务，如质检、监理服务、供应链的商品服务，到一站式的跟家装相关的服务等。我们要能够给今天的客户提供足够的一站式服务和商品的解决方案。

张晟 罗森（中国）投资有限公司董事、副总裁

任何的市场营销，无非就是消费者行为学研究。每个行业有每个行业的特点。对便利店而言，第一要快。一般来说，消费者超过3个人的时候，就不愿意排队。利用一些技术可以提高消费者体验。罗森去年引进了自助扫码的“火星兔子”，让每一个客户每一个产品的应单时间从55秒缩短到5秒。第二，了解客户体验需要一些数据的配合，但是比数据更重要的是场景，数据只是经营盈利的必要条件，充分条件仍然需要决策层多到一线去研究、了解，才能看到数字看不到的东西。利用人群错位，泰迪熊罗森体验店主要面向15~28岁的人群。这个人群更需要的是私密性，切入很难。但我们必须要知道他们需求。罗森需要研究他们的行为学，哪些人是会乐于传播，哪些话题是乐于传播的，而不是我们本身介入社交媒体。

WORLD ECONOMIC FORUM

领军者们如何引领新动能

文 安博奥(Omar Abbosh)

11年前，世界经济论坛决定在中国的大连和天津定期举行新领军者年会。事实证明，这是一个先见之明。自新领军者年会举办以来，许多行业的格局已被创新的挑战者们彻底改变。与此同时，中国的BAXT企业（即百度、阿里巴巴、小米和腾讯）也和他们的同行——美国GAFA四巨头（即谷歌、苹果、Facebook和亚马逊）一样踏上颠覆之旅，特别是在技术、媒体、金融和消费等领域。

在行业中的一部分成熟企业看来，行业颠覆似乎总是来得猝不及防。人们很容易认为，撼动传统零售商、银行或媒体公司的爆炸式颠覆对于知名品牌的威胁最大。事实上，不声不响、循序渐进的行业颠覆更为普遍，威力更为惊人。

在能源和公共事业领域，低碳政策正在逐步重塑消费模式；在汽车领域，社会新趋势削弱了人们对汽车所有权的渴望；而在电信行业，语音通话业务收入长期以来一直呈现缓慢下滑的颓势。

以上正是“挤压式颠覆”悄然蚕食行业核心业务模式的例子。其影响甚至可能是毁灭性的。而它最常见的表现之一就是“空增长”，即收入稳步增长（虽然增长幅度可能不大）但利润开始下滑，令企业无力投资全新的发展机遇。但某些行业在应对这一挑战时表现出色。以汽车行业为例，全球汽车行业近年营收增长而利润平平，但大多数汽车企业已经积极涉足电动汽车、汽车共享和其他创新领域。

但是，许多重资产行业的企业认为由于自己在行业中的地位固若金汤，加上极高的行业准入壁垒，完全无须担心明目张胆、来势汹汹的行业颠覆。但沉迷于安全的错觉让他们丧失了对挤压式颠覆的警惕。后者所带来的威胁在数十年时间内不断演化发展，远超CEO们通常的任职时间。即使企业领导者已然意识到面临着越发严峻的威胁，也不会轻易放弃其核心业务。毕竟，核心业务是企业能提供客户服务以及奠定了市场主导地位的基石，也是他们长期投资的成果。

那么，要想顺应新发展，在竞争中抢得先机，企业是否应当放弃核心业务？事实远非如此。要想成功把握全新的发展机遇，企业应当挖掘传统业务中的潜在价值，重振生机，并利用这些业务增长，发展开拓新市场所需的新投资能力。为此，企业需要审慎考量，适时挺进，在转型过程中从容把握完美平衡。

最近，我们携手两化融合服务联盟对中国450家企业进行了数字指数调查。这项调查显示，中国企业的发展模式与全球其他市场十分相似。参与调查的中国企业中，只有7%的企业在加快转型步伐，从新开展的业务活动中赚取了大部分收入。这些“转型领军者”拥有两大关键特征，正是这些特征帮助其成功挖掘出了业务中的潜在价值。

第一，这些企业能够运用数字化技术打造智能化运营模式。他们或是成功将自己的营销渠道、人力资源职能和财务系统等实现了数字化转型，或是成功应用了智能化互联技术，实现了智能和敏捷的制造流程。

第二，中国的转型领军者还通过打造全新的业务模式和开拓新市场来推动数字化创新。这些企业往往选择进行风险投资，加速转型之路。由此，这些企业为客户提供了全新的产品和服务，利用数字化技术打造独一无二的客户体验。

显然，技术并非唯一的变革推动力。全新的消费者期望和社会风尚也重新定义了价值创造。在天津召开的世界经济论坛新领军者年会呼吁各行各业在第四次工业革命中能对社会需求更具包容性，也更敏感。无论是利用区块链技术打造进入正规经济部门中的安全身份验证，还是利用图像识别技术帮助视障人士与他人互动，或是利用AI技术完善偏远地区的食品供应链，数字化技术能发挥关键作用，帮助改善人们工作和生活的方式。

企业越早拥抱那些对其传统业务造成威胁的创新，就可能越早成为他们所在行业的颠覆者。同样，企业对创新的关注越大，其创造价值的能力就会越强，就能越好地满足股东和社会大众的需求。

安博奥
埃森哲通信、媒体与高科技事业部
首席执行官
常驻伦敦
omar.abbosh@accenture.com

封面专题

为何“忠诚客户”不再忠诚？

生力企业：品牌过剩时代的生力军

活力营销为成熟品牌“解乏”

旅游业怎样应对顾客“取关”？

为何“忠诚客户”不再忠诚?

文 约翰·齐利(John Zealley)、罗伯特·沃兰(Robert Wollan)、约书亚·贝林(Joshua Bellin)

提要 在数字营销和数字体验大行其道的今天,如果企业维系忠诚客户的策略仅仅是依靠奖励、返现和折扣“贿赂”客户,那么不但要付出高昂的成本代价,更将失去企业与客户间极为重要的联系:关联度(Relevance)。

对于优秀品牌来说，"忠诚度至上"的营销时代已经日薄西山。忠诚度理论的基石是，只要采取适当的激励措施，客户就会一直从您这里购买同样的商品。然而，凯度零售咨询（Kantar Retail）最近的一项消费者研究表明，71%的消费者声称忠诚度激励措施对他们而言毫无吸引力。与之相反，在这个数字化市场竞争和客户关系管理的新时代，消费者越来越倾向于选择能够满足其实时需求并与个性诉求相关度高的品牌。

从大众市场时代到关联度时代的演化过程

每个新的业务增长周期由技术、数据和组织目标等因素共同推进。

发展阶段	大众市场	细分市场	客户	忠诚度	关联度
具体年代	20世纪60~70年代	20世纪80年代	20世纪90年代	21世纪10年代	21世纪20年代
使能技术	大批量生产	市场研究	企业IT	先进的客户关系管理系统	数字化与万物互联
绩效指标	产量	购买漏斗	客户终身价值	客户留存率	客户吸引力
营销手段	大众吸引力	市场细分	创新主张	个性化激励机制	个性化
管理重心	产品和规模	渠道和规模	渠道和客户关系	客户体验和客户关系	体验和个性

资料来源：埃森哲

埃森哲2018年的消费者研究表明，仅在美国市场，未能持续与消费者保持关联度的企业每年总共有高达1万亿美元的收入损失。可见，忠诚度固然重要，但想要制胜未来，企业必须满足客户当前最高关联度的需求。而"生力企业"（Living Business）这种与客户共生共长，如同"伙伴关系"一样的商业模式，就是企业最好的生力军。

"关联度"的新定义

为了打造生力企业，从全新的角度了解客户需求，我们需要重新定义"关联度"。亚伯拉罕•马斯洛于1943年提出的"需求层次理论"，尽管原意是研究人类的心理需求和动机，但他的理论框架为我们提供了一个重新审视被很多企业至今仍奉为圭臬的传统4P营销理论：产品（product）、价格（price）、渠道（place）和促销（promotion）的模型。

但问题是，仅采用4P营销理论的品牌往往只针对现实中并不存在的固定典型客户群体（例如，对品质要求高的客户一般会去有机超市，而对价格很敏感的客户一般会去折扣连锁店）。实际上，每个客户的需求都会根据时间和情况的变化而改变。并且，他们越来越期望所有企业能够实时回应自己需求的变化，调整营销手段和客户体验。而就目前的数字技术条件来说，企业要做到这一点并非难事。

为了打造高关联度，企业必须开拓思维，考虑以下5P理论：目的（purpose）、自豪感（pride）、伙伴关系（partnership）、安全感（protection）和个性化（personalization）。这五大因素能够全面轻松地评估产品或服务的品牌价值。自上而下，前四项因素来源于不同层次的心理需求，最高一级被马斯洛称为“自我实现”（即发挥所有潜能），最低一级是最基本的安全需求。第五项因素“个性化”则能够确保企业与客户的沟通，从而满足所有需求。

目的：

客户认为企业与其“志同道合”，能够为其创造更多价值。

自豪感：

客户在使用企业的产品和服务时感觉尊贵，备受激励。

伙伴关系：

客户与企业密切关联，携手共进。

安全感：

客户在与企业打交道时倍感放心。

个性化：

客户相信企业能够一直根据自身的需求和优先事项提供个性化解决方案。

SoulCycle就是一个在实践中应用5P理论的绝佳例证。SoulCycle专为室内单车和健身爱好者创建了一个社区，其“目的”与旗下会员追求健康和良好环境的价值观不谋而合。对于希望参与高端单车健身项目的会员（希望与健身导师一样年轻健美，能接受高价格）而言，在SoulCycle的体验也能为其带来“自豪感”。SoulCycle也如志同道合的“伙伴”一样，为会员提供他们所期望的生活方式：享受崭新干净的运动器材、高档的浴室用品以及Spotify上的SoulCycle专属歌单。

SoulCycle的会员还能收获“安全感”。他们坚信，SoulCycle的教练能够充分满足他们的需求，帮助其高效利用每一节课。尽管与传统的健身课程相比，SoulCycle的45分钟健身课程价格偏高。此外，SoulCycle会为每位会员配备个人健身导师，从个性化的指导中充分满足客户对“关联度”的需求。

对于许多企业而言，同时满足5P理论中的五大要素是一项不小的挑战。不过，下列三大原则能够帮助企业努力与客户建立关联度：

勇于跳出舒适区

许多企业在过去数十年间一直采用传统的4P理论，并取得了巨大成功。通常情况下，这意味着企业需要大胆地跳出舒适区，采用全新的方式推广品牌。

提起大型食品企业，消费者总是会把它和大规模生产或塑料包装联系到一起。这些企业更习惯于采取4P理论，通过价格和促销吸引并留住消费者。但是优诺（Yoplait），这个由食品行业巨头通用磨坊（General Mills）打造的全球酸奶品牌则截然不同。随着市场竞争的日益加剧，公司将营销策略重心放在了与消费者的关联度上。

优诺采用传统的法式制作工艺，将酸奶放在独立包装的玻璃罐中发酵并销售。这是因为公司意识到消费者会为自己使用的产品是传统工艺制造的（无论是意大利橄榄油，还是希腊和冰岛酸奶）而倍感“自豪”。正如通用磨坊的酸奶业务主管所说的：“我们的想法很简单，就是利用法式制作工艺生产源自法国并有着法语名字的酸奶——这就是至纯至真。”

优诺还通过其他方式进一步加强与消费者的关联度。例如，当公司意识到，消费者渴望获得“安全感”时，他们便推出了采用纯天然原料，不含转基因成分的全新法式酸奶“Oui”，并将其无添加的成分表当作卖点大力宣传。

当然，现在讨论这一针对性很强的产品能否畅销还为时尚早。不过，这不失为一个绝佳的例证，生动展示了一家公司如何有意采用非常规的手段加强与客户的关联度。

另一个例子是西维斯健康（CVS Health）的零售药店业务西维斯药房（CVS Pharmacy）。西维斯药房并未止步于纯交易型零售模式，仅供客户购买处方上的产品，而是更进一步，专注于助力客户改善自身的健康状况。从这一角度而言，客户与西维斯药房的“目的”相同。西维斯药房还能让客户倍感关怀，帮助大多数客户与药剂师建立起互信的关系，从而使客户收获“安全感”。

西维斯的运营流程远远超越了传统的零售模式，公司利用预测分析、人工智能和机器学习等技术，根据客户的实际情况提醒客户补货或服药，成为客户的亲密“伙伴”。此外，西维斯还与AI技术平台提供商合作，预测患者需求，例如患者是否需要紧急护理。这些新颖的做法和实践能够帮助药店零售商通过与客户保持紧密关系，为客户创造更多价值，保护客户的健康和福祉，从而提高西维斯品牌与客户的实时关联度。

重时机，赢先机

如果说5P原则中的前4P只是锦上添花，最后一个要素“个性化”则是重中之重，能够使效果倍增。打造生力企业的核心之一，就是在恰当的时间为客户提供恰当的信息、体验或产品、服务。然而，只有少数企业能够做到这一点。

租车业巨头赫兹租车（Hertz）采用“准时必达（Just in Time）”方针，及时向在各个交通方式间权衡利弊的客户提供高度相关的租车方案，无论客户是在与呼叫中心客服接洽、身处柜台抑或使用手持设备或访问赫兹官网查询，都有统一细致的体验。

赫兹租车通过预测分析，根据客户“更愿意接受具体产品或服务”的特性为客户提供建议。例如，如果客户曾经拒绝过买一送一优惠，即使他现在享有此优惠资格，赫兹租车还是会为他提供另一种方案（甚至是优惠力度更低的方案）。赫兹租车清楚地认识到，只有当客户愿意接受优惠时，促销方案才能盈利，否则就将失去销售机会。因此，企业在根据客户行为提供产品或服务时必须采用全渠道营销手段。

勿安于忠诚度

要想在关联度时代制胜，营销人员和企业必须不断摒弃传统的思维方式和营销手段。新技术不仅会改变客户体验和期望，还将提高企业利用最有相关性的方式与客户沟通的能力。通常情况下，最大的阻力在于企业不愿意根据实际需要变更其流程、组织架构和思维模式。

为了克服这一障碍，一些企业已经摒弃了以产品为核心的思维模式，转而采用平台解决方案。

运动品牌安德玛（Under Armour）就是一个很好的范例。安德玛并未把自己单纯地定位为运动服饰制造商，而是有针对性地打造了“互联健身”生态系统。2015年，安德玛斥资超过5亿美元收购两家健身指标评估服务商，成为全球最大的健身信息提供商。截至收购时，两家服务商（一家总部位于美国，另一家位于欧洲）的订阅者总计超过1亿人。

安德玛希望推动这些平台独立发展，同时汇总平台中收集的数据为服饰设计提供灵感，最终将客户与新型服务提供商联系起来，例如，为运动服饰开发嵌入式传感器和生物数据读取器的创新型初创企业。正如安德玛CEO凯文•普朗克（Kevin Plank）所说：“不愿改变、无法为消费者提供产品以外服务的品牌终将被淘汰。”

同样，汽车制造商宝马（BMW）与客户更像是长期性的伙伴，而非一锤子的买卖关系。为了给客户提供无缝式交通体验，宝马通过搭建客户与生态系统内的其他参与者沟通的桥梁，包括汽车共享和租赁公司、停车场、电动汽车充电站和本地移动生活方式APP等，助力客户在都市中自由前行。

如今，消费者能够利用移动设备，不断评估或重复评估其购买决策，更为迅速地选择与自身关联度最高的品牌，并情愿为此承担更高的价格。而有能力和消费者建立极高关联度的生力企业，将拥有市场定价权并吸引消费者多次购买。原本，这是采用“客户忠诚度至上”原则的企业的终极目标。而现在，愈发重要的关联度战略才能帮助企业在商业的数字化转型中脱颖而出。

约翰•齐利
埃森哲高级董事总经理以及消费产品和服务全球行业主管
常驻伦敦
john.zealley@accenture.com

罗伯特•沃兰
埃森哲战略资深战略运营董事总经理
常驻明尼阿波利斯
robert.e.wollan@accenture.com

约书亚•贝林
埃森哲研究部思想领袖研究总监
常驻波士顿
joshua.b.bellin@accenture.com

生力企业：品牌过剩时代的生力军

文 保罗·纽恩斯（Paul Nunes）、余进

提要 囿于对“客户忠诚度”和“品牌定位”的执念，企业面临发展模式固化、盈利能力退化的危险。只有转型成“生力企业”（Living Business），提升运营速度并扩展规模，满足不断变化的客户偏好，才能在市场变幻中适应环境、长盛不衰。

这是一个品牌过剩的时代，越来越多的消费者倾向于在繁多的不同品牌间权衡取舍，而非专注于某一品牌。埃森哲调研证实：客户忠诚度这一传统概念已不再适用，企业必须适应不断变化的客户需求，致力于为客户提供契合需求的产品、服务和体验。

这意味着企业不能再依靠传统的营销手段来吸引客户。企业必须思考如何才能利用快捷可靠的个性化体验来吸引客户，而不是在培养客户忠诚度上投入过多精力。一旦行差踏错，企业就很可能在竞争中一败涂地。各大品牌需要警惕这一变化。

简而言之，掌握现有品牌的企业，必须走出“忠诚度”（Loyalty）舒适区，开辟“关联度”(Relevance)新格局。

五万亿美元的全球大变局

面对前所未有的市场颠覆，企业应当如何实现增长？许多企业领导者的心中都有这一疑问，企业为了发掘新创意投入巨资，但获得的回报却不尽如人意。根据埃森哲全球消费者调研，各国企业在2017年总共流失了5万亿美元的收入，原因是客户可选择的品牌太多，大多数品牌没能留住所谓“忠诚客户”。而在更换所用品牌的大批消费者中，有64%是为了追求更贴近自身需求的产品、服务和体验。随着时间的推移，这一比例还将不断攀升。企业需要采取灵活敏捷的策略，持续满足不断变化的客户需求。

关联度不足有多可怕？

基于对33个国家、8个行业、23,000多名消费者的调查，我们发现：

- 在选择更换所用品牌的消费者中，64%是因为现有品牌关联度不足；
- 四分之一的消费者表示拒绝与关联度不足的企业合作；
- 如果消费者认为某家企业与自己的关联度很高，就更有可能（比例为68%）将其推荐给亲朋好友。

为了给大型企业指明前进的道路，埃森哲于2018年开展了一项重大研究计划，深入探讨成功实现可持续增长的领军企业与同行相比有何不同。我们发现这些领军企业：

- 了解客户不断变化的数字化消费需求；
- 调整增长战略，发掘核心业务以外的盈利点；
- 优化成本，将节约的资金用于支持新的增长计划。

与这些具体行动对应，领军企业已经具备了三个明显特征，他们能够：

- **始终如一地提供智能体验。**基于有针对性的实时数据，调整与客户、合作伙伴和员工的交互方式。确保在特定时间内向客户交付产品或服务；通过特定优惠吸引客户；为员工或合作伙伴提供决策或执行流程所需的其他部门信息。这些企业会根据客户的个人需求、偏好和背景提供个性化体验，同时恪守其品牌价值观。
- **开展响应式创新。**构建能够部署新创意、新流程和新技术的基础设施和企业文化，从而预测并响应不断变化的机遇。将响应式创新融入企业的各个流程，是新竞争力的源泉所在。
- **采用敏捷运营模式。**打通企业各部门之间的协作渠道，同时部署最新技术以提升整体绩效。

以耐克为例，该公司采用先进技术改善客户体验，并与客户保持紧密联系，以收集改善客户体验所需的反馈和数据，确保为客户提供更为个性化的高效体验。同样，通用电气全球研发中心通过开发云托管软件模型提供智能体验，助力公司提高安全水平并降低成本，同时帮助客户实现最大的投资效益。

五大能力造就“生力企业”

在互联网时代，无论小型纯数字化企业，还是大型数字原生企业，都能够为客户持续提供更为个性化、关联度更高的消费者体验，同时把握行业内外的各大增长机遇。事实上，参与我们调研的78%受访消费者愿意选择数字原生企业为其提供银行和金融服务。

因此，除了少数先知先觉的领军企业，大多数大型企业和行业主流传统企业面临更为艰难的发展道路。重资产基础架构限制了企业为现有客户提供服务并吸引新客户的方式。过去，企业为了提高大规模交付能力制定了相应的市场营销、促销和渠道策略；而现在，这些过时的策略已然让企业在新的竞争环境中陷入相对静态。

这些企业如何才能通过变革实现增长呢？通过对领军企业的进一步跟踪分析，我们发现企业的持续增长离不开相辅相成的五大能力：

瞄准：洞察数字化消费需求规律，瞄准客户价值，创新业务并布局投资；

设计：设计反映企业宗旨的产品和服务，保持与客户的高关联度；

构建： 构建一系列互动渠道，确保企业能够通过不同途径将设计推向市场，改善客户体验并实现实时反馈；

扩展： 扩展企业通过平台、合作伙伴和联盟挖掘市场潜力的能力；

重构： 重构组织架构、绩效指标和企业文化，以重新培训企业员工，确保员工明确如何提升客户体验，提高品牌对顾客的关联度。

上述每项能力都需要精准部署先进技术。这些先进技术反过来又能够提高公司构思、设计和开发个性化产品的能力，及时满足客户的新需求。这些能力将帮助“静态企业”转型成为“生力企业”，使它们成为品牌世界的生力军，持续为客户提供超高关联度的服务并从中获得源源不断的盈利点。

根据五大能力的框架，我们对28个国家的1,099位企业高管（包括195位CEO）进行了调研，并对他们所在企业的活力值进行了评分。与同行相比，评分最高的企业（我们称之为高生力值企业，或“生力企业”）更有可能实现卓越绩效。生力企业在我们调研的所有企业中仅占约10%，但它们已为应对商业周期和行业颠覆的考验做好了准备，实现高于平均水平的收入和盈利增长的可能性也要高出两倍（见图一至图三）。

图一　生力企业的各项能力均远超同行

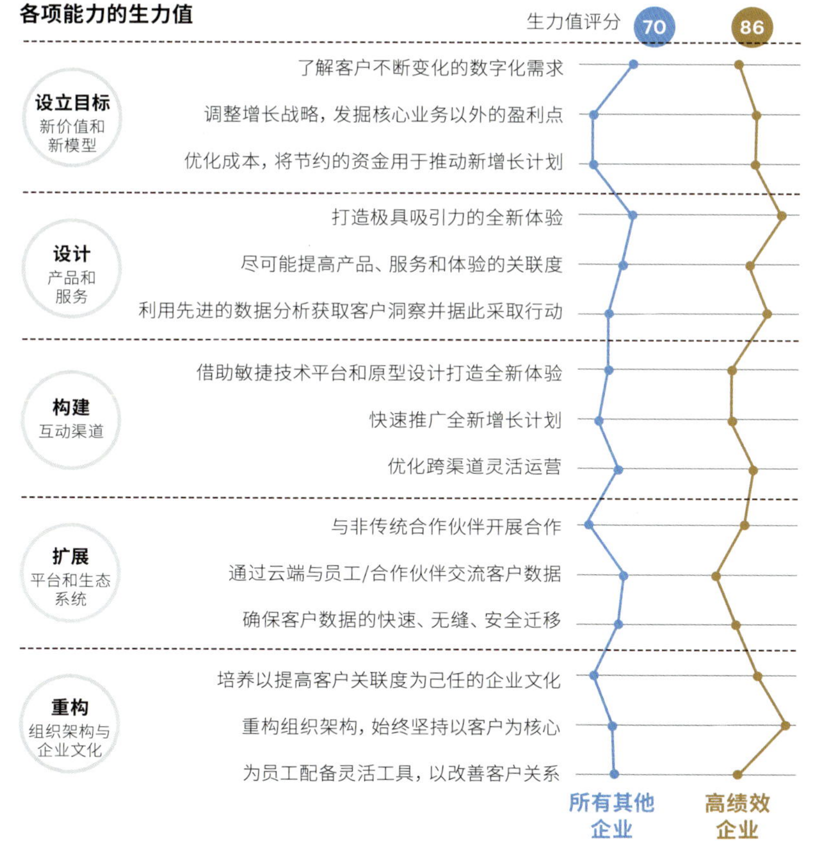

资料来源：2018年埃森哲针对1,099家（横跨B2C、B2B2C和B2B行业）企业的生力值研究

图二 面对行业颠覆，高生力值企业（即生力企业）最有可能立于不败之地

高生力值企业已为应对行业颠覆做好准备，这一比例比低生力值企业高出50%。

商业周期承受力VS.新活力

自我评价面对过去和未来行业颠覆的准备程度（分值1~5），与平均准备值相比。

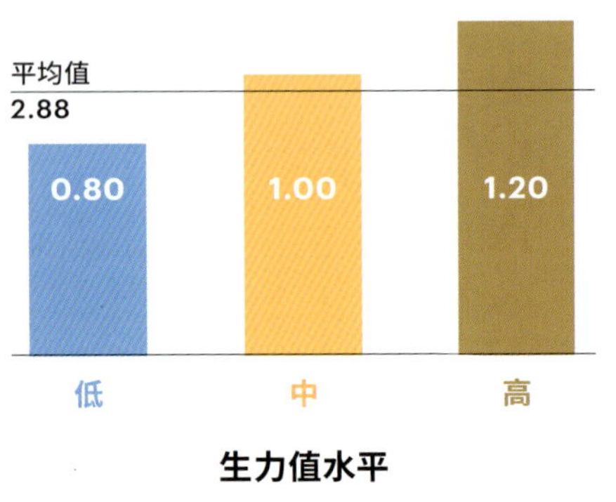

过去和未来行业颠覆的承受力VS.新活力

面对过去和未来行业颠覆的准备程度（低=1.0x）。

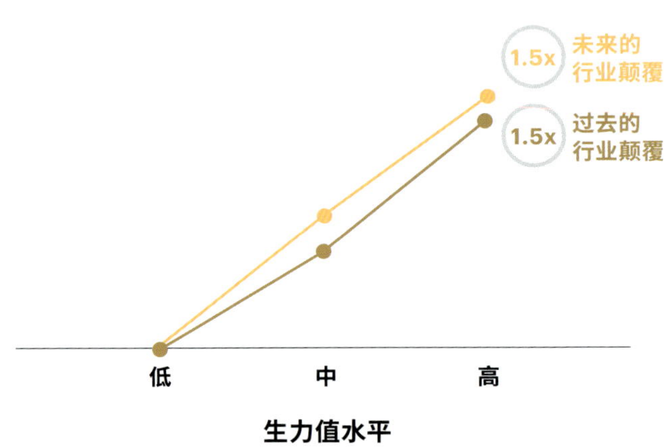

资料来源：2018年埃森哲针对1,099家（横跨B2C、B2B2C和B2B行业）企业的生力值研究

图三 生力企业的表现极可能优于同行

高生力值通常意味着更强劲的增长势头。高生力值企业实现高于平均水平的收入和盈利增长的可能性比低生力值企业要高出两倍。

增长速度较快的企业（按生力值划分）

自我评价同比收入/利润增长高于平均水平的企业百分比（按生力值划分）

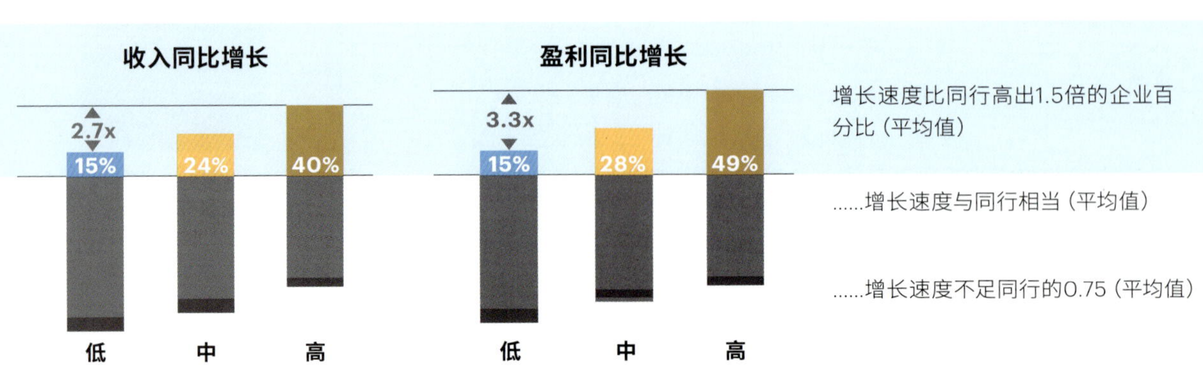

资料来源：2018年埃森哲针对1,099家（横跨B2C、B2B2C和B2B行业）企业的生力值研究

企业五大能力的发展程度并不均衡，具体因行业而异。生力企业的三大能力尤为突出：分别为瞄准、设计和重构（见图四）。宏观层面上，具备这些能力的企业更容易确认哪些投资能够满足市场预期并开展相应行动。微观层面上，这些企业能够根据个人需求轻松为客户提供个性化产品/服务。

为此，其他企业需要向生力企业学习什么？明确的企业宗旨和独特的品牌个性。只有设立清晰明确的宗旨，企业才能确保始终坚持以客户为中心，开展相应流程并不断调整自身策略。这一宗旨能够确保企业从众多竞争对手中脱颖而出，并为其指引发展方向，向员工和客户充分展示其独特个性。

图四　高绩效企业各项能力水平因行业而异，其中三大能力尤为突出

各行业机遇评分

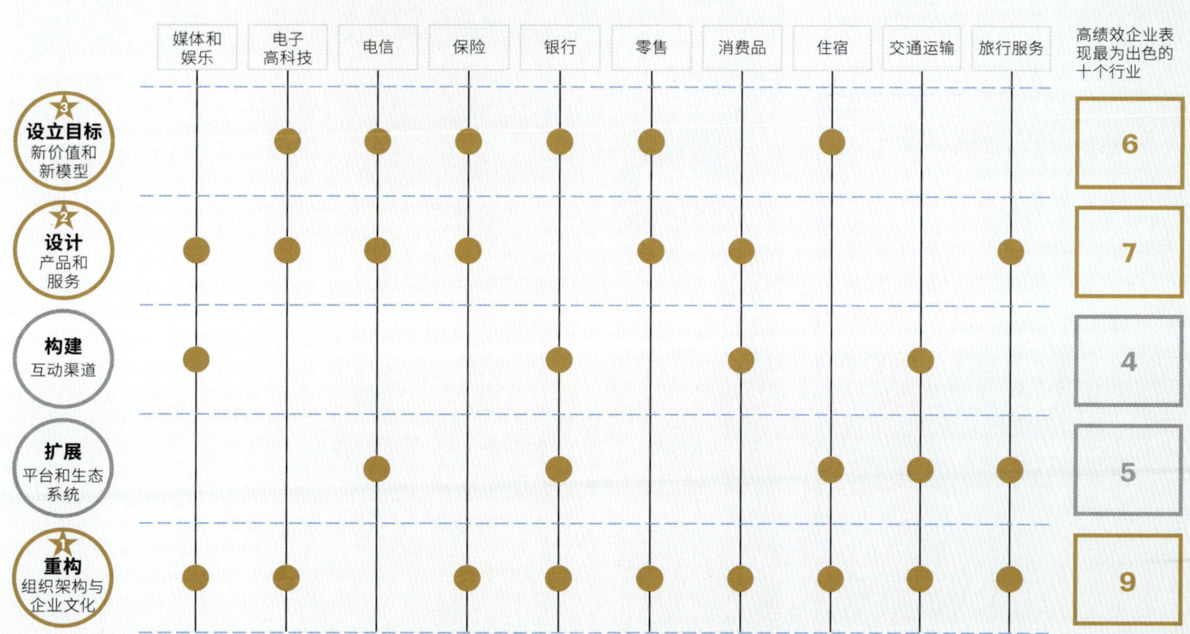

资料来源：2018年埃森哲生力型企业机遇研究，1,099家企业（横跨B2C、B2B2C和B2B行业）

受访的大部分企业高管都感受到，实现关联度压力重重。但生力企业与其他企业的区别在于：在来自生力企业的受访者中，95%的企业领导者认同“消费者期望获得关联度最高、最实时的动态体验”。而在来自其他企业的受访者中，只有75%对此表示赞同。

此外，了解这一挑战的本质并不意味着会采取有效行动，两者的比例往往差距巨大：低绩效企业的这一差距是高绩效企业的七倍。如果企业领导者希望弥合企业内部的这一差距，首先应当以当前状态为起点，针对每项能力规划一条转型之路。

对于已经为转型成为生力企业做好准备的公司而言，成立年限的长短并不会影响这一进程。另一方面，老一辈企业也并不存在固有劣势。除了小型纯数字化企业和数字原生企业巨头之外，其他企业的成立年限并不代表其在相应领域的专业水平。

革新，不仅是说说而已

- 89%的高绩效企业认为，与三年前相比，企业需要采用“迭代更频繁、更为灵活敏捷的运营方式”。
- 91%的高绩效企业认同，“在当今市场格局中，企业要想取得成功，业务革新必不可少。”
- 高绩效企业能够弥补知识空白以取得成功，而其他企业能做到这一点的比例仅为前者的七分之一。

五大能力的典范企业案例

瞄准

总部位于波兰的mBank就是一个绝佳的例证。mBank的数字化服务模型mPower Business Starter旨在简化创业流程。通常，在波兰成立一家企业并全面投入运营需要10~30天。创业者需要分别联系银行和政府，完成相应手续。而现在，利用Business Starter，创业者只需大约10分钟即可创办企业且只需与银行单线联系。该银行与波兰数字事务部（Ministry of Digital Affairs）和经济发展部（Ministry of Economic Development）建立了合作关系，并在mAccounting中整合了政府和银行的会计业务。客户可以创建数字签名，开设商业账户，并通过一次性操作轻松注册新公司：与以往相比，只需填写一小部分表格和信息。mBank预测，未来两年间进入波兰市场的新企业预计有15%会使用mPower Business Starter。

设计

保险公司Achmea Holding NV正在将发展重心转向尚未得到充分开发的细分市场：低收入家庭。Achmea专为低收入家庭设计了相应产品，能够预防火灾和盗窃或降低其带来的损失，从而保护居民安全，改善社区环境。具体来说，Achmea开发了点对点警报平台试点项目，确保邻居、朋友和家人在发生危险情况时能够互相帮助。该平台能够将各类家庭安全解决方案（包括Chuango）与WhatsApp和Facebook Messenger等消息应用连接起来。该平台已初步取得成效（目标地区的参与家庭以及社会住房公司的索赔案件减少），因此，Achmea计划在未来几年内将其扩展至更多家庭。

构建

以美国丰田汽车销售公司（Toyota Motor Sales）为例。该公司的Customer 360 Insights团队使用分布式计算框架Apache Spark挖掘和分析社交媒体交互流，以获取关键客户反馈。这一转型路径主要利用企业的运营模式来测试、构建并扩展与客户切实相关的实体和数字体验，并通过互动渠道为客户和企业带来更多优势。在这一领域，生力企业往往专注于成果。这就确保企业在某个关联度很高的产品/服务或方法的优势消退之前，能转而寻找新的解决方案。

丰田提供的分析功能可不仅仅包括“制动噪音”这种简单分类。相反，该公司尝试通过不同类型的文字识别分析，考虑客户可能碰到的相关问题。这一方法有助于丰田向客户提供高度相关的建议，识别可能出现的安全问题或改进设计。通过这一方法，丰田成功将分析客户反馈的时间从6天缩短到4个小时。通过在车内增加更强大的感应功能，汽车可以更好地匹配驾乘者的需求。

扩展 耐克擅长利用先进技术将合作伙伴与自身业务联系起来，从而改善客户体验。耐克使用NikePlus、Nike Run Club和Nike Training Club等应用程序向用户推广自身品牌和外部合作伙伴的相关优惠。通过这些举措，耐克在未调整品牌定位的情况下实现了客户数量激增。耐克还整合了若干孤立的客户沟通渠道，进一步提高收集客户反馈并做出响应的能力，同时提供更简洁的全方位客户体验。

要想掌握这一能力以挖掘市场潜力，企业必须与行业外的前瞻性合作伙伴建立合作。这是因为生力企业能够从内部和广泛的合作伙伴生态系统中高效且有针对性地选择数据，事半功倍。正如耐克首席执行官马克•帕克（Mark Parker）所说：“未来暗藏着巨大潜力，我们可以连接更多的产品，带来令消费者耳目一新的内容，并为耐克会员提供优质服务。消费者将通过数字互联产品与我们无缝互动，这有助于提高我们的设计、制造和分销能力，为我们创造全新的增长机遇。”

重构 生力企业致力于打造一支全面整合人类智慧和人工智能的员工队伍。以通用电气全球研发中心为例，该中心投入巨资，试图将科学家培养成为“双料科学家”，既精通自身的研究领域，又了解如何利用人工智能和其他机器学习系统创造额外价值。“双料科学家”能够协助通用电气开发机器（如涡轮机、飞机发动机和火车机车）的云托管软件模型，助力公司提高客户安全水平并降低成本。

这些被称为“数字孪生”的模型有助于预测特定机器的服务需求并定制维护计划，借此帮助客户实现最大的投资效益。通用电气发现，利用火车机车的数字孪生模型，企业的年燃油消耗量能够减少32,000加仑，碳排放量减少174,000吨。

截至2017年7月，通用电气已有400名员工获得数据分析证书，约50名科学家调整了工作岗位。同时，该公司在2016年新增了100个与人工智能和机器人相关的职位。

事实证明，重构能力是高绩效企业最关键的差异化优势——高绩效企业的重构能力在九个行业中普遍表现最为突出（总计十个行业），它们在这一能力上的得分高于其他四大能力。

迈向生力企业，时不我待

曾经的行业常青树并不能确保未来增长，甚至可能被行业淘汰。2000年入选“财富500强”的企业中，有52%已经不复存在。

这就是生力企业在现有优势尚存的情况下也会专注于培育新优势的原因。他们持续推出高关联度的创新产品与服务，而其他企业却只知道固守“最佳实践”，两者的差别显而易见。

行业形势瞬息万变，消费者的选择却不会变：他们只会选择与自己关联度最高的产品。现在是如此，将来也是如此。

保罗·纽恩斯
埃森哲研究部思想领袖研究董事总经理
常驻波士顿
paul.f.nunes@accenture.com

余进
埃森哲战略中国区总裁
常驻北京
yu.jin@accenture.com

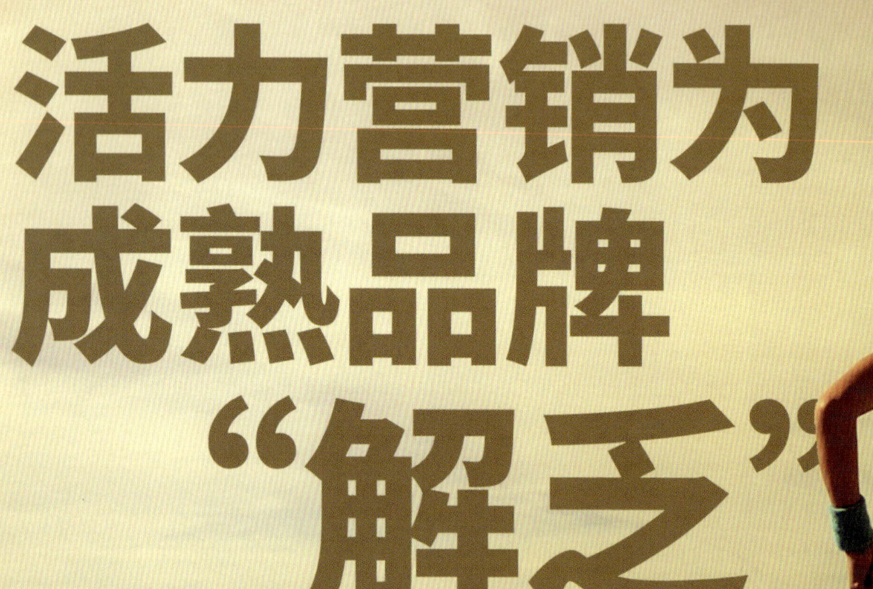

活力营销为成熟品牌“解乏”

文 劳拉·古斯基（Laura Gurski）

提要 当企业只关注自己的产品，而不再回应客户作为个体的需求变化，它的品牌往往会陷入增长乏力的困局。依托新技术解析“活力营销”的秘诀，有助于传统品牌得到新锐品牌的后喻。

2017年在美国的冰淇淋市场，一个新品牌的销售额激增2,500%，一举超越市场上的常胜冠军——Ben&Jerry's和哈根达斯。它就是2011年问世的低热量、高蛋白冰淇淋Halo Top，直接切中了目标消费者兼顾口味与健身的挑剔需求。对于一家仅成立六年的品牌来说，Halo Top在其惊艳成绩的背后，竟从未采用传统广告宣传。

传统营销规则正在被“活力营销”（Living Marketing）打破。如果说“生力企业”（Living Business）是保持品牌与客户高度关联的行业佼佼者或生力军，那么“活力营销”自然是这些企业不走寻常路、迅速适应顾客行为和观念变化的有效市场策略。

实际上，从旅游、消费品、零售，一直到汽车和健康医疗，所有消费市场的成熟品牌都倍感压力。如果他们依旧固守成规，沿用静态、被动和仅凭直觉的营销方法，就会在消费数字化的今天与未来白白错失新的增长机会。

为了重启增长动能，品牌需要重新赢得客户青睐。这意味着新的品牌营销应采取多管齐下的方式：让客户体验的每一项内容都与数字化生活场景高度相关；统筹协调各种以客户为中心的商业和技术生态；积极尝试和快速开发新服务并推动良性循环；准确创建数字营销能力，让品牌与目标客户保持同样的动态和活力。

走出传统观念之困

正如我们早已清楚地认识到，传统营销活动已无法推动企业当前迫切需要的业务增长。基于规模经济、针对实体渠道开发大批量产品的传统品牌，正在被较小品牌所取代，后者不但树立了独特的客户主张、与客户建立直接联系，而且快速构建了满足客户需求的各种能力。

虽然许多成熟品牌的营销团队正在自我革新，但若想在所有接触点上提供与客户紧密相关的个性化体验，所需的改变对其而言往往难以承受。大多数营销团队继续身处组织孤岛当中，严重依赖代理合作伙伴，并依然高度关注产品：医疗体验围绕着药物，而非患者；零售体验以店铺为焦点，而非购物者；快消品看重外包装设计，而非消费者；酒店占据着出行服务的核心，而非旅行者……凡此种种，不胜枚举。另外，营销人员仍旧在静态化地看待这个世界。但实际上，一切都变得越来越复杂，必须着力以数据为依据创建个性化、无缝化的体验，同时兼顾全球市场和高度的本地化——总之，必须在正确的时间和地点恰当交付客户所需的每一次服务。而在该过程中，技术正成为一项不断变化的推动因素。

我们相信，变革时机已然成熟。我们将新的模式称为“活力营销”——通过确保品牌、产品和服务与每位客户高度相关，并且使之成为独特个性化体验的组成部分，创造和实现业务增长。在这种新的机制下，关联度和个性化需要动态、实时地满足，并且每一品牌都各有差别。

活力营销并不只是一种市场营销方式，仅仅着眼于营销工作本身，而是需要在企业整体范围内，完成思想、行为和优先事项的全面转型：

- 从以品牌为中心，变为以客户为中心；
- 从复杂、分散的产品与服务，变为简捷、无缝的解决方案；
- 从市场细分和大规模个性化，变为在关键时刻实现高度相关性；
- 从与渠道合作伙伴之间的零散合作，变为紧密协作的生态系统伙伴；
- 从采取任何行动之前严格确认商业模式，变为"边试边学"心态及创业精神；
- 在数据、技术和分析法的支持下，从基于活动的营销，变为面向结果的体验。

成功地统筹协调这些变革之举，对于实现活力营销进而促进可持续增长至关重要。

活力营销 (Living Marketing)

通过确保品牌、产品和服务与每位客户高度相关，并且使之成为独特个性化体验的组成部分，创造和实现业务增长。

CMO不应单打独斗

虽然目前拥有大品牌的企业或许仍占据着半数甚至更多的市场品类份额，但事实上，其已陷入停滞状态。以美国食品与饮料行业为例，大品牌的销售额增长率仅为2%；与之相比，规模更小、更加灵活的公司业务增幅惊人——高达53%。在医药健康领域，小企业正在着力加强与购买者的联系，并通过从重视数量转向提升价值，创造新的增长机遇。

重要的是，对成熟品牌构成威胁的不仅仅是小型组织。就连一些大机构也在积极顺应客户持续变化的期望，以前所未见的方式提供新型产品与服务。智能订购或补货已在消费品和零售行业中日益普及。在医药健康市场，Apple Health依托患者所熟悉的设备和友好型平台，打造了易于使用的应用程序，正逐步实现医疗保健的个性化。

这些规模各异的创新企业之所以能够脱颖而出，凭借的正是预测并创建客户所期盼的体验、关系和互动的能力。他们对客户的期望、意图和偏好有着敏锐认知，进而利用更为敏捷的运营模式，随时令产品和服务适应客户喜好。

品牌和企业高管已深知，他们提供的体验必须紧跟客户期望的不断变化。在埃森哲调研中，近四分之三（73%）的首席执行官都意识到，需要打造更有意义的产品、服务和体验。他们越来越依赖首席营销官（CMO）为其明确指出，如何才能达成这一目标。事实上，50%的首席执行官认为，首席营销官是最高管理层负责推动增长的领导者之一。这种想法顺理成章，因为市场营销部门最贴近客户，而最密切地与客户保持关联度正是业务发展的关键所在。

73%

的首席执行官都意识到，企业产品、服务和体验应更有意义并与客户紧密相关。

此外，首席营销官的工作重心，也已开始从传统的营销指标转移至收入增长。但仅凭一己之力显然无法推动增长议程，他们必须与销售、战略、IT、研发、业务开发、客户服务及其他领域的负责人通力配合，共同创建以客户为中心的未来愿景（见图一）。

案例

活力营销展露实力

美利亚酒店（Meliá Hotel）发起了一项名为"加强数字化"的整体举措，利用活力营销赢得客户关注。该酒店预测，70%的顾客会在不久的将来选择数字渠道与酒店互动，因此希望这些渠道能够尽可能的直接、顺畅。通过积极围绕网站、忠诚度计划和营销活动展开互动，公司直销额在一年内提升高达27%，新增忠诚会员100万名，并且将营销投资回报率提高了25%。

图一 驱动“活力营销”的首席营销官必须与企业其他领导者合作，才能把全新的增长愿景化为现实

扩展生态系统

我们如何管理不断发展变化的代理机构、合作伙伴和内部职能部门？

客户体验

我们如何才能有针对性地创设品牌，并且大规模、持续化地交付体验？

顾客价值主张

我们如何发现最广阔的增长机遇？是否需要为此引入新的服务、产品或商业模式？在开展高度相关性的客户互动时，我们如何衡量投资回报？

数据与洞见

我们如何才能最有效地利用技术、平台和数据，优先考虑并持续改进客户体验？

不断发展的未来营销

营销人员需要改进哪些工作或采取哪些新的行动以赢得市场？我和其他人分别可以为此做出哪些贡献？

组织能力

我们如何与员工互动并为他们赋予力量，并且确保我们拥有成功所需的恰当人才？我们怎样将组织、人员、流程、技能和文化整合在一起，真正实现以客户为中心？

活力营销模式全解析

为了重新激发增长动能，首席营销官必须为其组织注入新的活力。埃森哲认为，他们应当迅速采取三方面的行动：

第一，与时并进。营销人员需要引入新的思维方式，响应客户对深入、真切联系的渴望。这不仅意味着，在购买产品的过程中使顾客体会到便利性，更要在所有渠道和接触点上，认真倾听并重视客户意愿——其目标在于，通过个性化的相关体验，以客户期望的方式提高他们的生活品质。

对于产品品牌而言，客户期望的改变要求他们以新的方式与客户互动。具有前瞻性思维的领导者正在设法准确了解客户，并随着时间推移不断完善自身洞见，为实时满足客户需求铺平道路。

第二，加快行动步伐与创新。为了尽快实现所需的变革，领导者需要创建活力营销组织——它将作为互联的有机体，致力于确保每一客户接触点上都能交付完美、无缝的体验。活力组织的能力源自三方面：交付高关联度体验的技能、目标明确的文化，以及经过优化的工作方式。

活力营销组织能够与日益广泛的内部和外部合作伙伴展开密切合作。优秀品牌不仅具有重新定义营销运作模式的强烈意愿，而且会创建流动性的人才储备，准确满足独特的市场需求。在这一过程中，命令与控制正让位于快速创新、协作及尝试。

企业可以利用如下实用技巧，建立活力营销组织来提高速度和响应度：

- 依托始终在线的体验平台，围绕生活渠道、媒体和内容来组织重要的企业职能；
- 打破传统的职能孤岛，在消费者生命周期中提供一致化、有意义的体验；
- 建立卓越中心，由此提高效率并缩短周期；
- 整合营销、广告和渠道等方面的技术；
- 转变流程和运营模式，实现IT、全球业务服务、品牌营销和合作伙伴生态系统等关键职能领域的统筹协调；
- 重塑涵盖数字技术、媒体和创意机构的合作伙伴模式，在独立机构间打通横向协作，并找到负责任的业务伙伴，由此建立端到端的互联客户体验。

第三，向全新模式转型。夯实营销的基础工作，扩大营销对增长的促进作用，让营销产生一系列新的功能：

(1) 活力的专属体验。一些产品品牌正围绕如何建立并保持客户关系，不断提高自身创新能力。一些企业支持客户参与体验塑造，共同构建忠诚和信任所依赖的亲密关系。例如，Halo Top便鼓励顾客提供有关新口味的建议，以此培养忠实的拥趸。埃森哲的研究表明，那些“正确打造顾客体验”的营销团队在许多方面都优于同行——从提升客户忠诚度和营销投资回报，一直延伸到推动营收增长。最具说服力的调研数据是，他们在91%的时间内都能达到或超越客户的体验预期——比同行高出21%。

尽管99%的营销人员一致认为，消费者体验十分重要，但他们中只有30%正在就此努力

资料来源：埃森哲互动

案例

生活体验焕发活力

SoulCycle已在美国和加拿大开设82家健身房，将全面感官体验带给单车运动和健身爱好者，创造远远超越了常规的锻炼概念。其课程设计基于高强度有氧运动、肌肉塑形力量训练，以及节拍鲜明的舞蹈化编排，为专注健康、追求积极生活方式的爱好者提供了一个专属社区。无论是清洁设施、储物柜中的手机充电器，还是Spotify应用中定制的SoulCycle播放列表，都令客户感觉自身属于一个特立独行的群体。真诚热情、充满感召力的教练不断以个性化方式启发、支持、指导和推动客户，帮助他们发挥个人极限。这种对生活体验的专注取得了巨大成功，SoulCycle的业务年增长率达20%~30%，并且现在正进军服装界。

(2) 活力的生态系统。在企业内部，活力的生态系统可作为协作引擎，将销售、服务、IT、研发等部门和整体高管团队凝聚在一起，创造完美的客户体验。统筹协调外部合作伙伴同样重要。尽管在内部保留核心功能通常都是明智之举，但随着营销活动更加个性化，外部协作的价值（和必要性）将持续增加。接入更广泛的生态系统会形成乘数效应，使品牌、客户和所有生态系统参与方均从中受益。增长领导团队若立即着手打造恰当的生态系统关系，未来就能够牢牢拥有紧密的客户关系。

(3) 活力的数据洞察。活力营销组织非常依赖客户数据和新兴技术来制定互动策略。随着营销工作更加以人为本，以及人工智能的进一步发展，企业很快就需要处理远超以往的大量数据。拥有并有效管理这些海量数据，将成为了解客户的关键。而同样重要的是，营销人员需要借助分析法，预判客户行为并建立更准确的预测。

当前，广告技术、营销技术、电子商务平台、客户关系管理系统以及销售和服务应用，都在孤立地运行。他们需要得到整合，进而经过协调，提供最全面的客户视角。不仅如此，由于客户接触点的复杂性和数量持续提高，并且市场营销技术层出不穷，首席营销官务必与IT部门合作创建和管理一套“体验架构”。这种架构有助于衔接记录系统和洞见系统、融合创新与互动，从而推动所需的速度和响应度。

近五分之四（78%）的营销主管

指出，他们需要更有效地利用合作伙伴和利益相关方生态系统来提供卓越消费体验。

资料来源：埃森哲战略

流畅使用数据不可或缺

一批企业已超越了描述性分析和传统的客户信息来源——如购买历史、会员卡交易和人口分类统计，成功创建了极富相关性的客户体验。他们投资于预测性分析工具，并且建立起数据合作伙伴生态系统，实时洞悉每位消费者的准确特征。他们不断寻找机会以新的方式挖掘数据，常常从典型购物过程以外的渠道和接触点上收集信息。

(4) 活力的价值创造（与成本优化并举）。在高度关联的商业世界里，判断成功与否已有了新的标准：个人回报。为了计算这种客户生命周期价值，首席营销官不但应当评估硬性指标，还必须重视受拥护程度和品牌健康度等软性（非销售）指标。网页浏览量正被逐步忽略，取而代之的则是消费者亲密度和现金流量。

与此同时，活力营销组织还在不断优化成本结构。他们擅长自我重新校准，将季度/年度的大规模支出改为流动付费。此外，他们充分利用实时的衡量绩效来了解特定营销活动的影响。而从试验快速转向跨品牌、跨地域推广的能力，正在支持他们最大限度地把握高价值机遇和规模经济。

埃森哲发现，通过高效且有效地管理营销投资，企业能够收获更出色的营销和整体财务绩效。

营销投资如何取得全新回报：

- 积极建立透明度，审慎、严格地对投资回报进行分析和验证。
- 高瞻远瞩，超越品牌资产来计算营销投资回报。减少广告和促销支出占比，将资金重新投向那些提升消费者亲和力和合作伙伴关系等无形价值的领域。
- 将营销计划作为损益项目加以管理（和测量）。
- 通过评估短期（即时）和长期（终身）价值，全面衡量单位客户回报。
- 应用零基预算原则，持续审视投资并适当地均衡分配资源。

(5) 活力的数字化平台。活力营销组织围绕不断变化的市场预期，持续加强其技术与运作能力。具有高度参与性的活力平台将不同的营销、销售和服务解决方案凝聚在一起，以更低、更加灵活的成本激活和交付全新客户体验。

案例

活力平台彰显魅力

Glossier是2014年方才建立的皮肤护理品牌，目前已迅速成为美容行业最突出的颠覆者之一。其脱颖而出得益于以下几方面的举措：首先，由内容驱动、直接面向消费者开展业务，并与创始人广受追捧的“Gloss”博客进行垂直整合；其次，利用个性化体验满足客户需求；最后，利用强大的数字社区和客户反馈循环，以全新方式吸引客户。上述种种努力回报显著。2016年，Glossier的营收增长率超过了600%，旗舰店单位面积销售额甚至超过了一般的苹果公司商店，旗下两款产品的等候购买名单已高达10,000人。

劳拉·古斯基
埃森哲资深客户运营总监
常驻芝加哥
laura.gurski@accenture.com

旅游业怎样应对顾客“取关”？

文 玛戈·戈拉-斯托克曼（Margo Gorra-Stockman）、李佩珊、周晖

提要 旅游服务企业一直处于行业颠覆的风口浪尖，业务范围不单单是售卖车票机票或是预订酒店，还要为说走就走的旅行者提供高度关联且独一无二的个性化体验，否则就会被顾客取消关注。

在埃森哲针对全球旅游业高管的调研中，87%的首席高管承认传统的业务模式已经过时，业务革新必不可少。但让人意想不到的是，在他们的直接下属中，只有63%认同老板的观点。领导层与管理者之间的观念抵触值得反思，可见推动转型并适应行业新形势绝非易事。

对于旅游业的企业而言，要想为客户提供全新体验，必须紧跟不断变化的客户需求，实现核心业务增长，同时打造全新的业务模式，并发掘数字化领域的全新收入来源。因而，企业不仅要具备一流的技术、数据、能力或技能，还需以客户为核心，树立行业首屈一指的高增长模型——“生力企业”（Living Business）。

千亿美元落入颠覆者之手

世界旅行与旅游理事会(World Travel & Tourism Council)报告显示,旅行与旅游业的GDP占全球GDP总量的百分之十以上,每十个就业岗位中就有一个岗位来自旅行与旅游业。

但作为极易受到市场周期影响的产业,产能过剩、燃油价格上涨、新的客户需求以及政局和社会日益动荡等因素无不制约着旅游业的发展。同时,老牌旅游业企业面临来自行业内外的激烈竞争。根据世界经济论坛预测,航空、旅行与旅游业的新晋企业将在未来10年内从老牌企业手中攫取超过1,000亿美元收入,原因是顾客对传统的、一成不变的旅游服务"取消了关注"。

而备受关注的新晋企业中,既有默默蚕食的蚁型企业,又有一击致命的狼型企业。两者风格截然不同,但带来的威胁一样令人生畏。

蚁型企业是指规模虽小但具有极高灵活性和韧性的企业。他们不断蚕食传统企业的市场份额。例如,埃森哲旗下咨询机构Seabury Consulting发现:2008年至2017年,廉价航空公司在各地区的可用座位公里(Available Seat Kilometers,简称ASK)复合年均增长率高达12%~22%,而传统全服务航空公司则仅为2%~13%。同样的,West Elm家居店和Equinox健身俱乐部等小型零售企业也利用其在客户体验领域积累的丰富经验,试图进入酒店服务这个全新市场。

狼型企业则是指数字化颠覆者,包括优步(Uber)、爱彼迎(Airbnb)、谷歌(Google)和亚马逊(Amazon)。它们如同荒野巨狼,以截然不同的业务模式、永不停息的创新步伐和开创性的客户体验,彻底颠覆现有行业格局。谷歌的旅游业务规模已是亿客行(Expedia)的两倍,估值达到1,000亿美元。而凭借着全新的业务模式,爱彼迎目前的估值已达310亿美元。

独一无二的旅行体验是关键

在蚁型企业和狼型企业的共同威胁下,旅游业目前处于存亡关键阶段:是战是逃?旅游业首席高管们已经充分认识到现阶段影响企业成败命运的关键因素:业务革新。得出这一认识的旅游业高管,比其他行业高出13%。此外,78%的旅游业首席高管希望,他们也能主动引领所在行业的创新。

要想实现自我颠覆,企业必须在服务旅程的各个阶段与顾客保持联系,同时打破传统的行业界限,准确预测并实时解决顾客在旅行中遇到的各种问题。企业还必须通过数字化手段、组织构架和企业文化的变革,转型为行业增长的生力军,从而为客户提供实时个性化旅行体验。这种"生力企业"将不再拘泥于既定的工作方式,而是提倡不断改变。

"生力企业"为改变而生——深度关联和创新活力这两大基本特征,将为旅游业带来无与伦比的适应能力。

深度关联,即实时掌握客户需求,确保企业能够提供敏捷灵活且高度相关和个性化的服务,根据旅行者的需求实时调整服务内容。生力企业既关注整个客户全体的需求,也注重每位客户的体验。

例如,希尔顿全球酒店集团(Hilton Worldwide)正计划扩充旗下品牌,以提高其与千禧一代的关联度。希尔顿还将推出一个强调当地景色、优质服务和酒店连通性的城市微品牌——"微型旅店(hostel on steroids)",它与传统的希尔顿客房差异巨大。雅高酒店(Accor Hotels)则推出了全新酒店品牌JO&JOE,为旅行者和当地居民提供"开放客房(open house)"服务,包括精心设计的共享空间(共用厨房)和独一无二的居住空间(模块化睡眠空间和蒙古包)。

从本质上说,即便拥有强大的数字化工具和敏锐的分析洞察力,要做到深度关联仍然是很难的。随着时间的推移,实现这一目标只会难上加难。全球63%的旅游业首席高管及其直接下属对埃森哲表示:与三年前相比,培育客户忠诚度难度有所上升。

新型活力组织可为创新加速

新活力是指能让生力企业从不断变化的客户期望中突围出来的组织"架构"风格。不妨将其视为深度关联的动力引擎。为此埃森哲对旅游业高管进行了调研,以了解他们在前所未有的激烈竞争中如何紧跟时代步伐，同时将新活力融入五大独特能力中，即：

通过在整个企业中培养以客户为中心的理念和文化，实现持续变革。

在核心业务和颠覆性增长举措之间把握平衡。

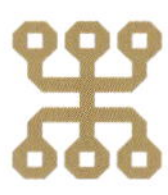

与更广泛的生态系统合作伙伴建立连接，跨越行业界限。

将产品和服务设计成建立深度关联的平台，打造极具吸引力的全新体验。

通过原型设计和规模化的创新体验，推动构建和迭代。

调研得出的活力评分显示，绝大部分旅游企业的这五大能力评分只达到中等。其中，许多旅游服务企业已经清楚认识到创新的必要性并专注于设计，但在构建和迭代方面困难重重。

旅游业各细分市场的活力评分存在细微差异。其中，酒店行业的表现最佳。然而，虽然酒店行业从业人员自认为十分了解客户，但在加速敏捷设计以及优化客户体验方面仍然面临诸多挑战。航空公司也自认为十分了解客户，但现实给了重重一棒：优化成本并非易事，敏捷的体验设计更是难上加难。由于无法迅速将创意推进到执行阶段，这些企业很难实现未来增长。80%的首席高管（以及65%的直接下属）认为，目前最重要的是迅速拓展新业务，确保与时俱进。

调研结果

我们采访了：

137 位高管 来自 全世界 128 家旅游企业

包括：

25 位首席执行官
8 位首席战略官
9 位首席客户官
4 位首席营销官
3 位首席销售官
88 位其他旅行企业领导者

44 位来自航空业

47 位来自酒店业

38 位来自旅游服务业

我们发现：

旅游业各细分市场的活力评分存在细微差异

迅速将创意推进到执行阶段的能力对于实现企业增长至关重要

其中酒店行业的表现最佳

酒店行业从业人员十分了解客户，但仍需加速敏捷设计并不断优化客户体验

航空公司也十分了解客户，但现实给了重重一棒：削减成本并非易事，敏捷的体验设计更是难上加难

80% 的首席高管认为，他们必须迅速拓展新业务，才能确保与时俱进

重新主导旅游行业格局

当企业认识到生力企业所意味的深度关联和创新活力时，他们就可能打破旅游业的原有桎梏。整个旅游业都需要有所行动，而部分企业已经抢先一步，占得先机。

以嘉年华公司（Carnival Corporation）为例。该公司推出的全新平台综合利用Ocean Medallion可穿戴设备、Ocean Compass数字化体验门户和物联网，整合了串流分析、环境识别功能和机器学习等技术，助力嘉年华预测客户偏好和需求，从而为客人提供最佳的度假体验。此外，嘉年华还开创性地推出自有数字流媒体频道OceanView，播放该公司的原创内容。

万豪国际（Marriott International）以其传统创新架构为基础，借助旅行体验孵化器（Travel Experience Incubator）项目，确认、完善并拓展创新业务。该项目汇集初创企业和酒店领导者，在为期三个月的时间里共同打造面向未来旅行者的体验解决方案。万豪国际同时沿用包括从丽兹卡尔顿（Ritz-Carlton）到Moxy Hotels在内的多品牌策略，以满足不同客户群的独特需求。

德国汉莎航空集团（Lufthansa Group）不仅在公司内部投资兴建创新中心以培育初创企业，还积极探索如何在航空领域应用区块链技术。该公司将参与区块链供应商Winding Tree的加密货币预售活动，收益将用于开拓该行业的区块链数字市场。一旦该市场初具规模，将彻底改变供应商和买家的交易方式，大幅降低分销成本。

在旅游业，“业务革新”与“客户体验”都是知易行难。只有那些大力推动组织、技术和文化变革，从而为客户提供所需实时旅行体验的企业，才能成为旅游业的创新领导者。这些企业将成功把握推动核心业务转型与拓展新业务之间的平衡。要想实现成为“生力企业”这一愿景，管理团队必须上下一致，即刻行动，刻不容缓。

玛戈·戈拉-斯托克曼
埃森哲行业创新部门总监
常驻华盛顿
margo.gorra-stockman@accenture.com

李佩珊
埃森哲大中华区旅游业主管
董事总经理
susanna.p.li@accenture.com

周晖
埃森哲大中华区旅游业总监
phil.hui.zhou@accenture,com

百年啤酒商的生力军

专访百威集团ZX Ventures亚太北区品牌体验部负责人Lex Solit

访 杨洁华、沃纯华

百威集团（Anheuser-Busch InBev，以下简称“ABI”）是一家总部位于比利时鲁汶的跨国啤酒酿造控股公司。源起于1852年，百威集团经历了啤酒业一轮又一轮里程碑式变迁，但依然生气蓬勃，是全球最大的啤酒制造商。

ABI于2015年设立了颠覆性增长事业部，即ZX Ventures（以下简称ZX）。Z代表Zythology，即啤酒研究，X代表Experience，即体验。ZX通过开发精酿啤酒、电子商务以及品牌体验等新产品和新业务，为这棵行业常青树挖掘市场新潜力。

《展望》专访了ZX Ventures亚太北区品牌体验部负责人Lex Solit。他将为我们揭秘ZX这支肩负转型增长使命的生力军，是如何通过提供卓越的品牌体验和满足消费者需求，为百年传统品牌带来增长新动能的。

ZX的诞生：自我颠覆 酿造未来

展望：颠覆性增长事业部即ZX Ventures诞生的背景是什么？

LEX： 2015年，ABI决定设立ZX Ventures，即颠覆性增长事业部。首先，我们意识到许多快消品牌都面临着严峻的挑战。在当时的全球市场上，我们的产品是相对比较成熟的，但如何才能发掘新一轮发展浪潮以保持增长速度，掌握新的增长机遇而不是满足于现状呢？作为一家不断追求全新增长源的企业，我们需要建立一个能带来业务增长的新渠道。其次，技术和消费者偏好的变化越来越快，这让大企业也越来越容易失去与客户的关联度。那么，展望未来市场，我们应当如何确保自己成为行业常青树？保持对市场的敏锐前瞻，才能让我们能确保企业不被市场颠覆。

展望：对任何企业而言，破旧立新都并非易事，特别是像ABI这样拥有悠久历史的传统大型企业。

LEX： 的确如此。那时我们在公司里一直强调，甚至今天也仍然在说的，就是一定要有挑战意识，而不耽于安于现状的守城意识。守城意识是指企业固守陈规，只为保全现有业务。我们固然需要管理、发展企业既有的庞大业务，但是与其等着被外部颠覆，我们宁愿从内部主动发起变革。

展望：ZX担负的使命是什么？

LEX： 我们的使命是：在今天酿造未来。我们要成为企业的首要增长来源。要想实现这一目标，我们需要解决消费者遇到的问题，始终坚持以消费者为中心，想方设法满足消费者，了解他们愿意为之付出的原因，从而创造未来的良好回报。

展望：自创立以来， ZX发掘和发展了哪些新的增长机会？

LEX： ZX设有几个不同的业务部门。每个业务本身就是公司的增长渠道。例如：

我们拥有特色产品团队，专注于精酿特色啤酒的开发和营销。尽管这一细分市场规模还小，但在许多发展中市场都蕴含着极大的增长潜力。我们正在打造这一细分市场的未来。

我们通过电子商务推广不同品类的啤酒，并塑造消费者对于啤酒的认知以及与啤酒相关的期望。作为一个增长渠道，电子商务不仅随着我们的品牌成长，也能帮助打造品牌。通过电子商务，人们可以在线上与品牌开展个性化互动，获得与线下不同的体验。我们也可以用它来建立我们的品牌品类。

我们拥有自酿啤酒业务。自酿可以说是精酿啤酒的前导了。我们收购了美国的Northern Brewer，同时开始尝试在其他国家开展自酿啤酒业务，以此推动该利基细分市场的增长，培养消费者对精酿啤酒、对酿造工艺的欣赏和热爱，推动这一品类的发展。

我们拥有品牌体验业务，其中我负责亚太北区的业务，主要是运营零售品牌网点，比如品牌酒吧，不仅是塑造品牌，其本身也创造更多收益。我们还有由啤酒产品衍生的诸多品牌商品。应该说，我们销售的不是啤酒本身，而是啤酒体验。这是我们正在开展的新业务。它不断优化相关的品牌体验并推进业务。

展望：ZX是如何探索、发展新产品和新业务的？

LEX： 我们按成熟度将业务分为不同阶段。我们有在测试过程中、处于孵化阶段的项目。我们会进行试点、验证业务营利和规模扩展的要求。综观ZX的业务组合，你会发现我们的许多产品都是可盈利的。那些还处于初期培育阶段的产品，可能暂时还无法获得盈利。但一旦验证了这些产品的发展模式，我们就可以进行规模化推广。

展望：在开发新业务的过程中，ZX自身的业务部门是如何协作的？又如何与ABI的传统部门开展合作？

LEX： 在ZX，我们的工作方式就是跨团队合作。我们在工作中有许多品牌是共通的。以鹅岛啤酒餐厅（Goose Island）为例。我负责鹅岛这一酒吧品牌的运营。我有同事负责市场、销售和建立我们的啤酒品牌以及所有面向消费者的零售店销售，我的同事马丁负责电子商务渠道。就某个特定的品牌而言，每个团队都在共同助力构建。就具体合作方式而言，我们通常会定期沟通，确认我们需要合作的项目或者想法，在此基础之上建立常规工作机制，这样团队可以在这些项目上合力工作。

ZX支持跨品牌协作。我们有的业务部门不仅做精酿啤酒，也为其他产品服务。例如，我也负责推广某些其他啤酒的品牌商品，不局限于精酿啤酒品牌。

由于业务需求不同，有些业务部门之间的互动程度会特别高。例如，电子商务团队与其他团队的互动程度相当高，因为我们只有这一个团队专注电子商务渠道。他们负责的产品不仅包括精酿啤酒，还包括主流啤酒品类。在这种情况下，具体合作方式取决于不同的渠道和业务部门。需要的时候，我们就要进行合作。我们必须能够影响其他同事，通过合作实现互惠互利。

展望：作为ABI旗下的颠覆性创新组织，您认为ZX自创立以来保持成功发展的关键是什么？

LEX： 成功的原因有很多。但首先最重要的一点，作为一家企业，我们有长远的目光，保持良好的前瞻能力，能发掘目前尚不成熟但极具增长潜力的市场。

其次，我们的领导Pedro Earp成功而有效地与ZX Ventures的外部其他团队沟通我们的组织价值，帮助他们了解我们的工作的意义，了解我们如何为企业创造价值。我们需要大家相信这一重要的事实。虽然不可能所有人一夜之间就会相信我们。但我认为，与大家分享工作成果和相关进展是为我们的组织赢得认可的关键。

最后，我们拥有一定的自主权。当我们负责一个独立的组织，需要拥有一定的决策自主权。这一点非常重要。

品牌体验：引领潮流 超越产品 贴近消费者

展望：在ZX，您所领导的品牌体验部其主要业务职责是什么？

LEX： 品牌体验业务要做的是以可持续的方式建立我们的品牌。所谓可持续方式，是指我们的业务要紧紧围绕着我们的品牌。我们所销售的是品牌体验。我是通过为消费者提供体验来构建我们的品牌的。每一种品牌体验都与我们的某个啤酒品牌密切相关。但我们不只专注单个品牌。例如，我负责鹅岛啤酒屋，也打造拳击猫（注：Boxing Cat Brewery，源于上海的精酿啤酒商，于2017年被百威集团收购），服务于精酿啤酒品牌，也服务于我们其他一些主流啤酒品牌。从区别来说，在传统营销中，企业投入大量资金来建立品牌。对我来说，我们的投资是为了建立消费者愿意为此付费的品牌化的产品体验。这也是种建立品牌的方式。

展望：精酿啤酒是ZX的业务特色之一，但在中国，这仍是一个高端、小众的品类。ZX如何在中国打造这一市场的未来呢？

LEX： 引领潮流当然比顺应潮流更为困难。不过，引领行业潮流能够为企业带来无限商机。在我看来，最大的挑战是“培育”消费者。精酿啤酒独具魅力，所以在许多国家都大受欢迎。其中一些重要的原因同样也适用于中国。消费者们青睐特色与个性，希望笑容、场景和灵魂，喜欢独特有趣的产品，而高端产品是潮流。这些都是我们认为精酿啤酒在中国也会是大势所趋的原因，只是还没有到那个阶段。要想加快精酿啤酒的推广步伐，需要让消费者了解何为精酿。当下，首要问题是许多消费者甚至不知道精酿啤酒这一品类。而我们的酒吧可以为消费者提供整套体验，也让我们有机会向消费者进

行推广。我们还远没有到“嗨，大家都已经不满足了。现在我们需要把我们的品牌打造成最棒的那个”这种时候。中国市场还要假以时日。目前的阶段主要是形成精酿啤酒社区，打造推广这一品类，从而帮助消费者了解精酿啤酒。

展望：您能够具体谈谈如何通过提供品牌体验帮助消费者了解新品牌、新品类、新的啤酒文化的案例？

LEX：我想鹅岛精酿啤酒餐厅（Goose Island Brewhouse）就是一个很好的例子。我们在2017年初开设了这家酒吧餐厅，旨在为消费者提供全方位的品牌体验。我们从美国引进了这一品牌，专注打造“精酿酒吧”体验，在保留鹅岛地方品牌特色的同时，针对中国市场的实际情况略做调整。鹅岛是一个美国品牌。我们聘任中国本地员工，并为他们进行关于啤酒文化和鹅岛品牌的培训。但我们还聘请了来自澳大利亚的国际酿酒大师。这就相当有趣了。我们希望能够将鹅岛打造成为一个全球精酿品牌，并将它推广到包括中国在内的不同国家。

怎么让品牌在中国落地？要从让消费者了解开始。啤酒餐厅就是我们能让我们的品牌、让精酿更贴近消费者而创造的产品。他们可以真正置身酿酒环境中，能近距离观察啤酒酿造流程，进而喜欢上它。例如，我们的酿酒大师会邀请顾客品尝啤酒，并介绍酿酒流程，邀请顾客尝试闻啤酒，解释为什么味道不同的原因。有的顾客可能从来没有尝试闻过啤酒的味道。这给顾客带来了浸入式的、印象深刻的个人体验。

对我们来说，鹅岛啤酒餐厅的巨大成功不仅仅在于酒吧本身，还帮助了我们在上海和其他城市的业绩增长和品牌培育。我们认为啤酒屋在推动品牌发展的过程中发挥着重要的作用。我们在北京和上海已经有9个酒吧网点并计划明年在别的城市也开拓一些。

我们关注品牌，但品牌体验不仅仅是指啤酒产品本身。当置身于啤酒餐厅中，餐厅的设计、食品和服务等，所有这些为消费者提供全方位体验的过程就是我们打造品牌的过程。这是建立品牌的方式之一。我们可以把握为消费者所提供的全面体验，这样的体验也能影响消费者对鹅岛啤酒的认知，即便他们之后是在家中饮酒。

所以，在鹅岛，我们关切的事项包括员工制服的式样、灯光的设置、食品的口味、菜单的样式。啤酒是否够冷？员工能否回答客户提出的各种啤酒问题？客户能享受到优质的服务吗？店中是否有品牌商品？每一项服务、每一种客户接触都要有它应有的元素。就酒吧零售业务来说，这是最难的一点。同样的，说到啤酒或品牌商品，“嘿，这就是我们期望的品质。”口味、包装等等，一切都要完美。所谓体验就在生活，在呼吸之间。所以我们要求那些最为重要的元素均包括在我们的品牌体验中。我们需要确保做到这些事情。

在销售啤酒的酒吧里，我们会派出销售代表为调酒师进行培训，教导他们了解精酿啤酒和我们的品牌。因为他们是与顾客直接互动的人。当顾客提出问题，调酒师要随时能侃侃而谈。我认为：对销售代表、酒吧、餐厅以及相关社群进行培训非常重要。这是我们可以运用来提升品类啤酒文化关注非常重要的部分。

以消费者为中心：善用技术 人人有责

展望：各行各业都认为：现在的消费者需求变化非常快。您认为当前消费者最需要的是什么呢？

LEX：中国市场反映了全球消费中呈现的一些大趋势。其中一个趋势就是对便捷性越来越高的期望，特别是在零售和餐饮业。由于便捷性的提升，消费者期望商家能够快速交付，物流业也由于便利性需求而蓬勃发展。而关于品牌，消费者期望在终端品牌上看到笑脸、场景和灵魂。这也是我们公司着力发展的目标。今天的消费者不仅仅关注产品品质，也希望了解品牌的内涵，希望了解品牌背后的故事。他们关注的是品牌的使命，蕴含哪些精彩的故事，并由此考虑为什么要选择这一品牌。

我们拥有啤酒销售所需的大量基础设施。将产品推广到更多零售点是我们公司的一项核心能力。对我们而言，这不是最难的部分。重要的是如何确保品牌对消费者具有吸引力。

展望：在您眼中，中国的啤酒消费者是怎样的？

LEX：我们不能将中国消费者看成一个单一的形象。从区域来看，消费者的偏好存在明显差异。不同地区的啤酒消费行为各不相同。啤酒塔在广州很受欢迎，而在福建，人们喜欢喝小瓶装的啤酒。你可以把某个啤酒习俗带到另一座城市，但是那里的人们却未必能接受。喜欢小瓶的顾客会说：你给我啤酒塔干吗？我不要这个！在中国的不同地区，确实会发生这种情况。

如果忽视地区间的差异，单单关注啤酒，尤其是精酿啤酒文化，让我们和葡萄酒文化做个比较，可以看到这样一种情况，在其他国家也很常见但在中国尤其明显，即：赏鉴葡萄酒在中国比较普遍，相比之下，对啤酒这么做的却少很多。说到啤酒，人们通常会把它和食物联系在一起。不同于单纯品酒的场景，人们喝啤酒时通常会搭配美食。而也正因此，市场存在一定空间，让我们去打造和探索啤酒概念中的"精酿"文化。

从品牌角度来看，对不同国家对品牌的认知也不同。对国际品牌如何接受取决于品牌原产国和目标销售国。就各国的总体饮酒习惯而言，每个国家的酒文化也大相径庭。例如，许多韩国人喜欢下班后结伴喝杯酒，中国人则不会如此，两国习俗存在着明显差异。

而说到年轻消费者，他们通常更善变。他们喝酒的时间不长，还不足以建立长久的品牌忠诚度。此外，他们往往更容易接受新技术。这就导致年轻消费者和年长消费者的消费行为存在一些有意思的差别。

展望：如此说来，在中国不同地区，啤酒消费者呈现出来的需求相当个性化的。面对一个这样偏好多元的市场，你们怎样提供可以满足他们需求的产品和体验呢？

LEX：第一，对不同地区要能提供不同的产品组合。在ABI，我们拥有丰富的啤酒品牌组合，能够满足不同地区的需求。我们要从实践中学习。当看到某一品牌在某地区很受欢迎，我们可以根据该地区消费者的偏好，进一步加大市场投入。

第二，即使是同一品牌，我们也会根据地区偏好推出个性化产品，比如不同的包装规格。如果这里的消费者喜欢某种包装规格，我们就会针对该地区提供相应规格的产品。

第三，为不同地区开发不同产品组合。我们的精酿啤酒产品就是这么做的。但在我看来，精酿啤酒产品一般而言都是区域性的。这更多针对的是城市的风格而不是产品本身。要想满足地区偏好，关键在于提供该地区最受欢迎的产品组合，并进行适调。就中国市场来说，各地区的啤酒偏好差异主要在于消费方式不同。我们在每个地区可以提供完全不同的啤酒产品组合。面对中国市场，我们有一整套的产品储备，可以根据不同地区消费者的需求，适时调整产品供应的组合。

展望：在为啤酒消费者提供品牌体验的过程中，数字技术发挥了什么样的具体作用？

LEX：毫无疑问，数字化在任何地方都很重要，但在中国，通过数字化方式接触消费者尤其重要。

让我从两个方面来说：了解客户需求和提供服务。要想了解客户需求，我们一般使用两大类工具。作为集团旗下的精益初创事业部，我们致力于加快变革和调整步伐。我们可以用很多精益的工具来洞察消费者需求。

其中一类工具是MyBusiness，广泛应用于公司旗下的品牌酒吧。我们还使用其他工具可以汇总线上评论，分析、了解消费者有关品牌体验的反馈意见。这是实时了解消费者们在线评论的方式。这只是其中一个例子。

我们还可以通过微信等其他定制化的平台调查工具，与粉丝互动，迅速了解他们喜欢的产品和服务。

我们有定义成功与否的不同方法。在品牌方面，我们主要有两项评估，一是我们是否达到了品牌标准检验清单的要求，二是消费者的评价。我们较常用网上的评价来考察消费者是否喜爱我们的零售体验。

电子商务也应该是一类数字化工具。我们会与一些大型零售商合作，利用这些渠道销售我们的产品，并迅速获得反馈，了解消费者喜欢购买哪些产品。数字技术无疑是帮助我们深入了解消费者的一大利器。

提供服务是我们的核心业务。我们利用相应技术，更高效、成功地把啤酒带给客户。Salesforce等产品和其他各类技术能够帮助我们更轻松、更高效地吸引客户。

就为消费者提供服务而言，我所在的部门在ABI中具有独特地位，因为我们是直接与消费者对接的。我们仍有很大的发展空间。例如，我们可以开发移动解决方案，吸引更多消费者、简化运营并提高交易效率。提供尽可能多的支付方式，确保消费者能够选择自己喜欢的付款方式。

当然，我们会不断探索新的方式方法来提升服务。

展望：为消费者提供全方位的品牌体验，就要在所有可能的接触点上满足消费者的个性化需求。如何才能让所有的员工都树立客户为中心的意识并支持这样的目标呢？

LEX：首先，我们必须确保在所有员工广泛参与和认同的企业文化的基础之上开展各项工作。每家企业的文化各不相同，我们独特的企业文化至关重要。我们要激励每天上班的员工们共同为企业的使命而不懈努力。

其次，就是传播。我们不断向员工传达这样的信息："我们的努力是让美好的啤酒时间丰富人们的生活。"不止是在会议中强调这一点，还要持续保持这样的信息传播，"这样做很好啊"，不断推广相关最佳实践。

再次，在战术上，以消费者为中心不仅是一句口号，还要体现在对员工相应的工作规划和奖励计划中。比如，"每月体验之星"是我们的奖励计划之一，旨在奖励为客户提供卓越体验的员工。我们成功的原因之一是打造了与消费者有关联性的产品，因此以消费者为中心，员工的工作目标和奖金是基于能否打造与消费者有关联度的产品，而非单纯的财务目标。

杨洁华
埃森哲大中华市场部经理
常驻上海
sylvia.jiehua.yang@accenture.com

沃纯华
埃森哲大中华市场部总监
常驻上海
bessie.wo@accenture.com

采访手记：

市场瞬息万变，即便是拥有巨大优势的行业领军企业也不得不居安思危，走出舒适区，主动突破固有的发展模式，以抵御环境变化，获得持续的增长动能。而面对不断变化的消费者偏好，企业也需要从"消费者忠诚于品牌"向"品牌忠诚于消费者"的思维转变，从而能与消费者建立持续的关联度。

ZX Ventures的诞生和以消费者为中心提供品牌体验正是呼应"生力企业"、"活力营销"的生动案例，体现了一家百年老店的远见和魄力。

趋势

行业颠覆的四大战区地图

高管和员工，谁对“智能企业”更向往？

行业颠覆的四大战区地图

文 安博奥（Omar Abbosh）、韦德拉娜·萨维奇（Vedrana Savic）、
迈克尔·摩尔（Michael Moore）

提要

埃森哲研究发现，行业颠覆在一定程度上是能够预测的，而那些具备准确预测能力的企业将迎来新一轮增长机遇。不同类型的颠覆对应不同行业，分布在一个2X2的矩阵图里。

所谓行业颠覆，是指资源有限的小型企业制胜传统大型企业的过程。然而，许多人对此存在严重误解，尤其将行业颠覆归为神秘且不可预测的随机事件，并认为企业无力掌控行业颠覆。这些观点可能曾经风靡一时，但如今显然已经不再适用。

为帮助企业领导者深入了解行业颠覆，埃森哲根据20个行业/98个细分市场**当前的颠覆水平**与**未来受行业颠覆影响**的程度创建了一个颠覆指数并进行合理分类（见下图）。为了衡量前者，我们考察了两个方面的要素：行业颠覆者的涌现和扩张情况以及传统企业的财务业绩。针对后者，我们则考量了三个方面的指标：传统企业的运营效率、创新投入和防御攻击的能力。同时，我们还以中间值为界限划分了行业颠覆的四种主要类型：

- 持久战（Durability）
- 攻防战（Vulnerability）
- 拉锯战（Volatility）
- 生死战（Viability）

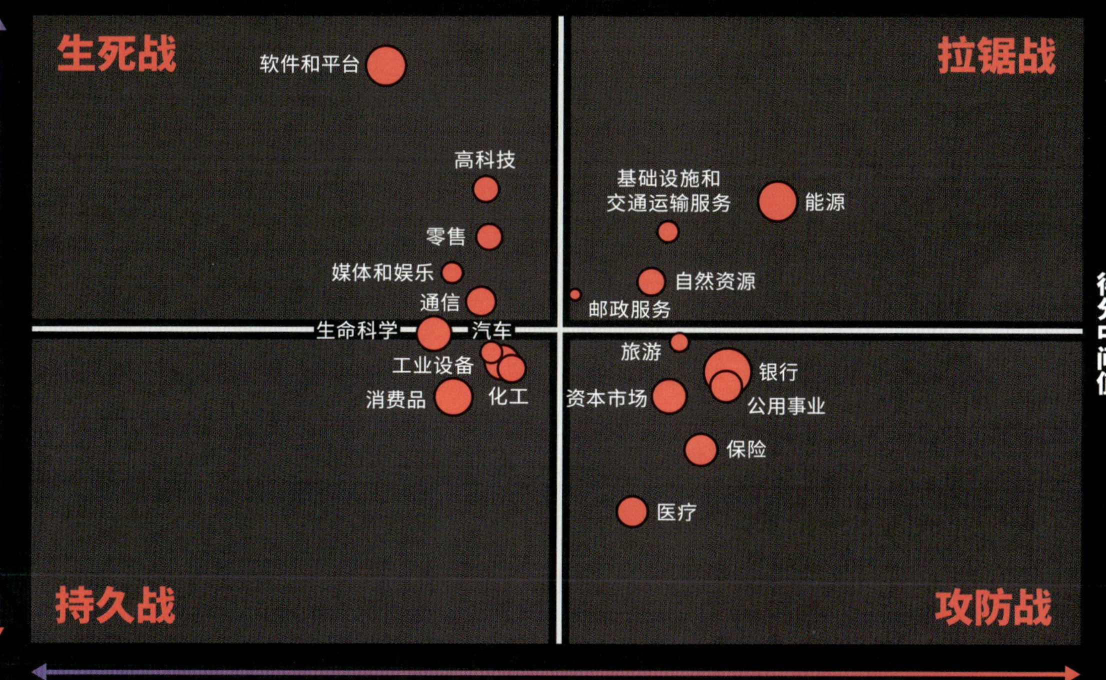

我们的研究表明，企业高管有能力评估其受行业颠覆影响的程度及其背后的原因，同时在企业层面开展更为深入细致的评估工作。掌握这些信息能够助力企业制定合理的应对策略并从容开展业务。

在 持久战 状态中

我们发现这里有许多非常高效、成熟的行业，例如，酒品饮料、轮胎橡胶行业。处于这一阶段的行业通常拥有强大的品牌影响力和专有技术并控制着各种分销渠道。充分利用这些优势能够助力企业有效掌控行业颠覆的节奏，当然前提是企业高管必须能够响应不断变化的消费者需求并准确把握这些行业趋势带来的增长机遇。例如，在美国和欧洲，当地精酿啤酒备受消费者热捧。Statista数据显示，2016年仅美国就有5,000多家精酿啤酒厂，而十年前仅有1,400家。针对这一消费者数量变化，跨国啤酒公司采取了极为有效的应对措施，通过投资或收购Lagunitas、Craft Brew Alliance和Goose Island等美国本土大型精酿啤酒公司迅速抢占了市场。

在 拉锯战 状态中

行业正经历较高水平的颠覆，且短期内有望迎来新一轮颠覆浪潮。先前坚固的市场准入壁垒被打破，车队、酒店、银行分支机构和固网基础设施等固定资产逐渐沦为企业的弱点。例如，在交通运输领域，按需提供服务的新模式彻底颠覆了整个市场，随后，传统的出租车行业才后知后觉地借助Arro和Way2Ride等打车应用以期“绝地求生”。我们甚至发现，新晋企业正逐渐“逃离”利润乏陈的传统行业：亚马逊收购美国全食超市（Whole Foods）的举措迫使许多老牌超市杂货企业重新审视其市场策略。

在 攻防战 状态中

虽然传统企业享受市场准入壁垒带来的长期性优势，如相关法规和资本要求，但也往往面临着在传统业务领域提高效率并降低运营成本的压力，而这一压力则被颠覆型企业视为良机，吸引他们大量涌入市场。纵观医疗卫生行业：新兴企业可以毫不费力地选择使用互联传感器实时监控患者，尤其是慢性病患者。而越来越多的传统企业迫于此形势，即使面临日益严峻的成本和生产压力，也不得不采用同样的技术以保持市场竞争力。

在 生死战 状态中

我们发现这里聚集了许多新兴或经历了重大行业颠覆后的产业。新的竞争格局有望提高结构效率，但高频率创新及新的行业颠覆者的不断涌现，则表明竞争优势的周期非常短暂。由此可以看出，行业颠覆是连续性的，而非一蹴而就的。我们不妨将目光投向报纸出版业。鉴于印刷品销售和广告营收大幅下降，部分报社开始转向数字化平台，其余报社则选择探索新的订阅模式。但该行业仍然面临广告收入下滑、劳动力和生产成本持续上升以及消费者需求转变等一系列持续性挑战。

面对行业颠覆，许多企业领导者选择据守传统业务。但如果企业领导者能够洞悉上述四大行业颠覆状态以及本企业在其中所处的位置，则会视行业颠覆为动力和契机，通过进军新市场等举措不断优化企业架构并提高盈利能力，引领新的发展。埃森哲从上述四大行业颠覆类型的基本特征出发，为企业领导者提供的战略建议是：

处于**持久战**的企业，面临的关键问题是业务的可持续性，但需要积极推动核心业务转型，而不是固步自封。企业应当着力保持自身在核心业务领域的市场竞争力，同时开展广泛的试验，从而确保产品和服务与消费者建立密切关联度——不但物美价廉，更是消费者所需。家庭零售行业的研发投入仅为其他所有行业平均研发投入的七分之一。然而，也存在着例外情况，例如2014年，家居建材零售商Lowe's创建了Lowe's创新实验室，混合现实家居设计APP“Holoroom”和自动化零售服务机器人“LoweBot”正是诞生于此。这一举措表明，Lowe's致力于打造一流的消费者体验，从而吸引日益增长的数字原生代消费者。

攻防战中的企业，面临的问题是弥补业务增长的短板，必须从根本上快速解决其传统业务面临的生产力挑战，从而为企业或竞争对手的未来创新做好全面准备。企业可以选择降低对固定资产的依赖性；也可以选择将闲置资产充分利用起来。例如，德国领先的独立电力公司Kraftwerke已经开始部署基于平台的轻资产业务模式。公司开发了一套覆盖中欧3,000多家分布式电力生产和消耗机构的网络，以构建“虚拟发电厂”。下一步，Kraftwerke将提供需求响应等服务，通过降低用户在高峰期的用电量来降低成本。

拉锯战意味着企业承受着巨大的业绩波动震荡，果断转变企业发展路径才是唯一的生存之道。在企业转型和财务重组的过程中，企业需要巧妙平衡多方因素，而不是武断地放弃当前的核心业务。丹麦马士基集团计划将旗下的石油钻探和开采、钻井平台和油轮等业务打包成独立公司，通过出售或并购方式从集团中分离出来。马士基目前已与道达尔（Total）达成协议，后者将以75亿美元的价格接手马士基石油（Maersk Oil）。这一举措将助力马士基提升企业绩效，专注在全球范围内发展其核心的运输和物流业务，同时寻求新的增长机会。

进入**生死战**的企业，必须聚焦于提升新业务盈利的可行性，必须采取合理的战略，确保持续创新。这就要求企业充分利用核心业务优势，在为现有客户提供创新产品和服务的同时，不断渗透到相邻市场和完全未知的市场。让我们将目光再次投向出版业：《纽约时报》拥有近250万名数字订阅用户，同时还在不断拓展新功能和服务。该公司的人工智能聊天室帮助用户在2016年大选期间访问最新的投票数据和分析结果。其虚拟现实电影还能够为用户提供沉浸式体验，近距离追随新闻记者的脚步。《纽约时报》设定了极具挑战性的全球增长目标，致力于到2020年将其数字业务收入翻一番（达到8亿美元）。

“恐惧源于无知”——曾于1903年和1911年分别获得诺贝尔物理学奖和诺贝尔化学奖的玛丽•居里的观点，对当今企业领导者极具指导意义：了解行业未来受颠覆影响的程度，可助力企业制定明智的关键决策。立即行动起来，全面掌控行业颠覆正当时！

安博奥
埃森哲通信、媒体与高科技事业部
首席执行官
常驻伦敦
omar.abbosh@accenture.com

韦德拉娜•萨维奇
埃森哲研究部思想领袖研究总监
常驻墨尔本
vedrana.savic@accenture.com

迈克尔•摩尔
埃森哲研究部思想领袖研究高级研究员
常驻伦敦
m.p.moore@accenture.com

高管和员工，谁对“智能企业”更向往？

文 余进、何珊

提要

在智能技术驱动的企业变革中，领导者需要认真倾听员工的呼声，重新定义员工职能，调整团队以适应新的业务模式，并通过规模化培训激发智能技术的最大价值。

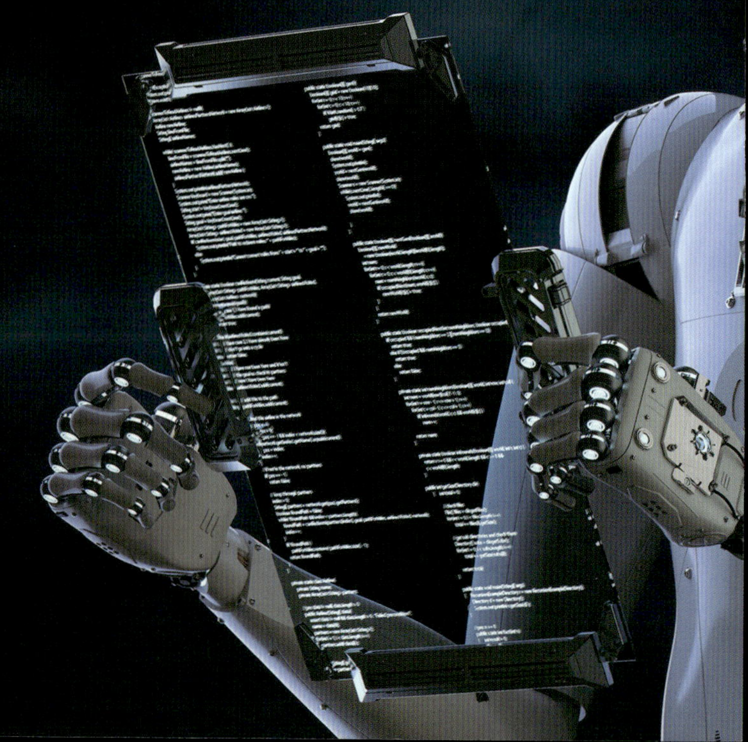

超过80%的中国员工认为，未来三年内智能技术将为自己的工作带来积极的影响，乐观程度在全球11个受调研国家中位列第三。

只有46%的中国高管认为人机协作是实现企业战略要务的重要途径，在全球接受调研的11个国家中比例最低。

人机协作需要大范围重新设计企业岗位以便更好地应用智能技术，可仅有14%中国高管表示自己的企业正在行动。

在全球范围内，行业领军企业已经成功运用人工智能（AI）提高了生产效率。但若想实现超常规增长，并创造新一轮就业机会，企业现在做得却还不够。

人与机器如何协同合作，打造差异化的客户体验以及全新的产品、服务和市场？这是AI为我们带来的巨大发展机遇。埃森哲预计，这一技术浪潮将在未来五年推动企业收入增长38%，并显著提高企业的盈利能力，促进就业。

为了达成这一目标，行业领军企业必须转型为智能企业。智能企业代表了企业领导者对未来增长战略与组织能力的设想，也代表了企业员工对未来职业发展前景和美好工作环境的向往。

观念转变：从“机器换人”到“人机协作”

目前在许多企业，机器人、大数据分析和其他智能技术已经被用于辅助人类工作，但主要局限于提升自动化水平。使用这些技术主要是为了提高流程效率。而现在，企业在对智能技术进行投资时，其目标已经发生了根本性的改变。AI不仅能够帮助企业实现自动化，还能提升人类能力，从而释放新的价值。

智能技术的快速发展将为各行各业带来巨大影响。一般企业对AI的认知和悲观预期认为，应用新技术的目的就是“机器换人”，精简就业岗位，减少员工规模。但埃森哲研究发现，2018年至2022年，AI投资将提高行业收入并促进就业：如果所有企业能够像领军企业一样积极投资AI和人机协作，则有望在2018年至2022年间将企业收入提高38%（消费品和医疗卫生行业则高达50%）；整体而言，这意味着全球企业届时将新增总利润4.8万亿美元，同时员工规模有望增长10%。

目前，仍有许多企业尚未采用人机协作的新型模式来提升效率或客户满意度。有些企业仍处于采用AI技术三个发展阶段中的第一阶段：教育培训。起步较早的企业，则已经进入第二阶段：原型设计和实验性举措。只有少数企业开始迈入第三阶段：大规模应用。进入第三阶段的领军企业正在全面部署这一能力——埃森哲称之为“应用智能”（Applied Intelligence），即在所有核心业务中充分整合技术力量和人类智慧，从而解决复杂挑战、进军新市场或挖掘新的收入来源（见图一）。

图一　新技术的采用和开发所处的阶段

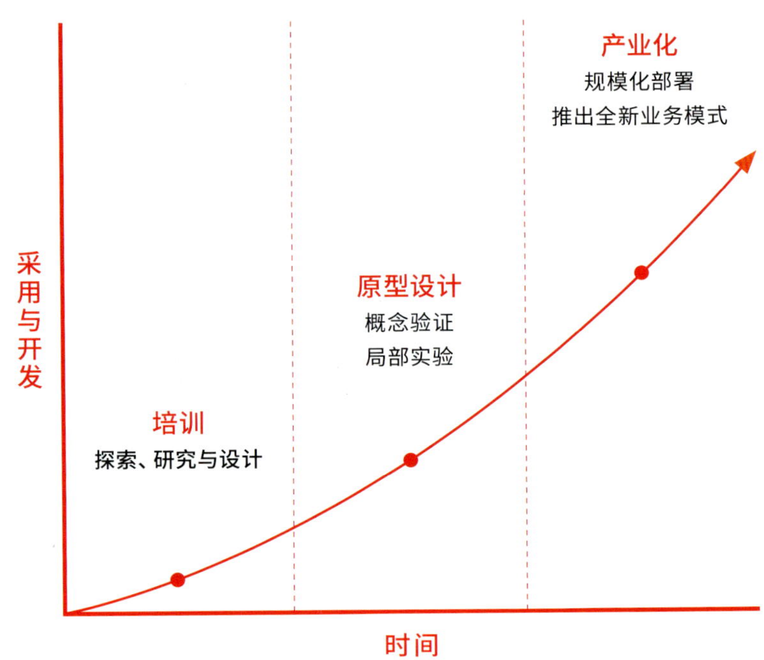

数据说话：技术投资重，技能投入少

AI领域投资增长势头强劲。根据IDC预测，2017年全球认知和AI系统支出预计比2016年增长59.1%，达到120亿美元，并有望在2021年达到576亿美元。从这些数据来看，企业对于技术本身的研发投入毫不吝惜。

但企业领导者和员工是否已经准备好大规模部署复杂的人机协作模式？为了寻找这一问题的答案，埃森哲研究部采访了1,200多位在工作中使用AI技术的首席执行官和高级管理人员，以及14,000多名员工。调研涵盖了全球11个经济体的12个不同行业。

研究发现：近四分之三（74%）的受访高管表示，他们计划在未来三年利用AI技术大幅或极大幅提升工作的自动化水平。但几乎所有人（97%）都表示他们计划利用AI技术提升员工能力。为了从AI的原型设计阶段成功过渡到产业化阶段，他们设想通过员工与智能机器密切协作以创造新的价值来源。

人机协作的战略方向虽已设定，但企业领导者推进员工队伍转型在实施层面仍面临难题：尽管近半数企业领导者认为技能短缺是一项关键挑战，但只有3%的人表示，其所在企业计划在未来三年内显著增加员工培训项目的投入。培训投入不足，将从根本上削弱企业大规模部署AI的能力。

埃森哲研究部进而提出问题：“究竟是什么阻碍了企业智能化的转型呢？”答案聚焦在“雇主往往会低估员工学习AI相关技能的意愿”。

总的来说，全球受访企业67%的员工认为强化自身技能对于人机合作非常重要。其中千禧一代对这一观点表示强烈认同（75%），56%的婴儿潮一代亦是如此——员工们迫切希望拥抱AI技术。但平均而言，全球企业领导者却认为只有约四分之一（26%）的员工已经准备好接受AI；另有近四分之一的雇主竟认为，员工本身对AI技术的抵制是一个关键障碍。那么，不同技能层次员工的反馈呢？高技术人才中的68%和技术能力较弱员工中的近一半（48%），都以积极态度面对AI可能对其工作带来的影响，并没有产生部分雇主认为的巨大抵制情绪。

中国现实：员工心气高，高管推进慢

2015年中国政府开始推行供给侧改革，其根本目的是提高社会生产力水平。其中，淘汰落后产能是重要任务之一。与此同时，“中国制造2025”、“新一代人工智能发展规划”等战略政策都在强调中国企业通过智能技术进行转型进而促进产业升级的重要性。运用好智能机器，是提质增效的重要手段。

然而，中国企业建立人机协作机制的过程不会一帆风顺，观念冲突和现实挑战都可能发生。为了进一步探讨中国企业领袖和员工对拥抱智能科技，实现人机协作的态度，埃森哲研究部对来自101位中国企业高管和1,011位中国员工的调研反馈做出了进一步分析。

研究表明：中国企业领导者高度重视智能技术对未来行业发展的积极推动作用，但对人机协作机制不够重视。81%的受访中国高管认为，采用智能技术对于企业在市场竞争中脱颖而出至关重要（这一比例高于全球72%的平均水平）。

然而，只有46%的中国高管认为人机协作是实现企业战略要务的重要途径，在全球接受调研的11个国家中比例最低（全球高管中平均有54%的人这样认为）。

此外，中国高管对于员工应用智能技术的能力也倾向于低估。虽然有57%的中国高管认为AI能够提高员工工作效率（在全球平均比例为60%），但在中国高管看来，自己企业员工中仅有23%为应用智能技术进行工作做好了准备，而这一比例在全球平均为26%，德国高管则相信1/3的企业员工已经做好准备。基于此，中国高管为人机协作所做的准备也相对不足：

人机协作需要大范围重新设计企业岗位以便更好地应用智能技术，可仅有14%中国高管表示自己的企业正在行动，这在全球受访国家中比例最低（全球平均比例为29%）。

再看员工的反馈。受访中国员工在年龄上比全球平均更为年轻，他们不但喜爱智能技术，而且对自身迎接智能技术的潜力也更有信心，学习新技能的愿望也更加强烈。

超过80%的中国员工认为，未来三年内智能技术将为自己的工作带来积极的影响，在全球11个国家中排名第三（这一比例在全球平均仅为62%）。

随着工作中逐渐应用智能技术和机器，工作将逐渐被简化，自己的工作与生活将得到更好的平衡，智能技术将进一步鼓励创新，同时还可以为自己拓展未来的职业前景。同时，高达96%的中国员工对自身的综合技能水平以及应用智能技术的能力表示自信，在全球受访员工中这一比例仅为83%。

由此可见，中国员工在全球工业智能化过程中，正以可贵的开放心态迎接新技术和新技能。在中国企业数字化变革过程中，这一特点将有助于降低企业内部的阻力。在供给侧改革的政策环境中，中国高管应该更加敏锐地抓住以人为本的方向，用人机协作机制重新设计组织架构和运营流程，并设立顺应智能技术需求的新岗位，从而为企业重建更高效的生产力团队打好基础。

行动建议：新角色、新价值、新起点

企业领导者应如何助力员工通过人机协作创造新价值？埃森哲根据调研结果提供三大关键行动建议。

一、重新设计工作

根据具体任务而非工作岗位，将合适的任务分配给员工。重新配置工作时，企业需要采取三个步骤：

(1) 评估任务和技能，而不是岗位。公司需要明确有待开展的新任务，评估目前拥有的技术和团队资源，然后将这些任务分配给员工和/或机器。通过持续不断的观察，逐渐完善为机器和人分配任务的具体流程。毕竟许多AI系统还无法完全自主运行，仍需人类提供相当多的输入和校准。在中国，我们在采访某汽车制造商的技术人员时发现，该公司采用了能够分析海量客户数据的系统，以期设计出客户期望的各项汽车功能，但实操中，系统提出的配置建议几乎无法实现。该公司不得不重新调整角色安排，让员工对AI进行培训，从而获取更多切实可行的建议。

(2) 创建新的角色。在智能化浪潮的大背景下，AI可赋能人类承担更高价值的工作，因此，企业需要创建新的角色。如图二所示，操作型角色将具备更强的洞察力和战略意识，而单一技能角色将逐渐转向多技能角色。熟悉AI甚至能够提高AI实用水平的人才应当优先录用。候选人应当具备一定的交易员工作经验，且擅长计算机；他们不仅需要了解机器深度学习的效用，还应当明白，数据唯有结合交易知识方能发挥最大价值。随着海量精确数据分析为员工提供更多新锐洞察，工作角色将变得愈发专业化。

图二 重新配置后的工作岗位将更具战略意义

操作型角色	洞察驱动型角色
单一技能角色	多技能角色
多面手	专业人员
技术型角色	创意型角色

资料来源：埃森哲研究

(3) 将技能与新角色进行匹配。公司应当完整梳理出其所面临的新任务、新技能缺口和重新定义的角色，并将这些需求和当前员工队伍的技能进行匹配。如果在技能方面存在差距，企业必须判断可否通过快速培训现有员工或雇用新员工的方式弥合差距。

二、推动员工队伍转型，创造新价值

企业应培育具有睿智思维、敏锐洞察和敏捷行动力的领导团队，帮助企业把握长期转型机遇。同时，企业员工团队应该不断适应新的客户市场，企业各项流程能够据此进行灵活调整，领导层能够为新型企业文化提供大力支持。

(1) 根据新型业务模式推动员工队伍转型。关键是使员工的工作目标与企业的独特价值主张保持一致。例如，来自服装零售业的Stitch Fix，该公司通过采用人机协作的创新模式从众多竞争对手中脱颖而出。它雇用个人造型师代替销售人员。个人造型师借助算法分析客户的偏好，并通过Pinterest上的每个相关帖子或退货项目了解更多信息。造型师可以利用这些信息来不断优化他们为顾客推荐的个性化产品建议。只有通过人机合作才能打造具备一定适配性的定制化产品。

(2) 识别业务方案。不要简单地将收益归为利润，而应当将节约的成本投资于未来的员工队伍，从而推动新业务模式发展。埃森哲将自己通过AI投资节省出来的60%资金投入到了培训项目中。在过去两年内，埃森哲已经为成千上万名被自动化取代的员工进行了再培训。现在，这些员工已经肩负起更高价值的工作，在某些情况下甚至还将使用AI和其他技术为客户提供更出色的服务。

(3) 调整组织结构，提高敏捷性。随着员工需要承担的重复性任务减少，且开始参与一系列项目团队，企业必须给予他们更多的自主权和决策权。企业需要培育开放的文化来鼓励尝试。这种开放的企业文化必须允许更多员工参与有可能改变他们工作环境和工作内容的决策。此外，企业还必须重新设计流程和组织结构，实现项目团队的灵活组建和拆分，从而使员工摆脱传统的职能限制。

(4) 培育新的领导力DNA。随着层级的弱化以及跨职能团队的组建和拆分，领导者将与员工成为共创者和合作者。而且，虽然AI能让员工肩负起更高价值的工作，同时也会要求员工在一线工作中制定决策。例如，车间工作人员使用的平板电脑能够提供实时数据、洞察和培训，便于其在现场做出决策。最终，领导力不再为某个层级所特有，我们需要在各个层级培育领导者。

三、大规模开展新技能培训，与智能机器携手共进

为了填补智能企业中的新岗位和重新配置的岗位空缺，公司需要新的培训方法。必须快速灵活地开展针对具体岗位的大规模新技能培训计划，努力实现人机协作机制的最大价值。

(1) 对有待培养的技能进行优先级排序。技能培训项目的选取主要取决于所使用的AI类型，以及企业的规模、所处行业和现有技能水平。其中，创造性相关的技能至关重要。要想取得持续的成功，关键在于“培育”负责任的AI，确保数据和系统能够获得公平、透明和负责的管理。这就要求培训计划涵盖各类内容，从监管要求到人和机器的道德行为，再到之后的业务活动。

(2) 因势利导，对不同层次的意愿和技能水平负责。定制适合各种员工“起点”的计划可谓至关重要。所提供的培训必须充分照顾到员工意愿和技能水平的差异。我们的研究表明，大多数员工属于技能水平高/意愿强这一类，并对AI抱有积极的态度。一半员工对其AI技能充满信心。企业需要衡量不同员工的意愿水平，并针对年龄和技能水平各异的员工实施培训计划。

(3) 借助数字化手段提供全新学习体验。虚拟现实和增强现实等数字学习方法可以提供逼真的情景模拟，帮助工作人员掌握新型人工作业任务，从而与智能机器开展密切合作。这些技术还可以强化车间里的流程：监测员工如何执行任务，并指导他们以最佳方式完成任务。比如蒂森克虏伯（Thyssenkrupp）为电梯技术人员配备了增强现实耳机（微软HoloLens），以方便其向行业专家咨询相关问题。

在整个世界范围内，AI正以前所未有的速度和规模重新定义价值创造的本质。在中国，智能技术也在重塑企业的核心业务流程，并有望改变客户体验，打造全新的业务模式。以建立智能企业为目标，这些决定性问题的答案将彻底区分市场赢家和输家。这一时代并非三五年之遥，而是此时此刻正在发生。

余进
埃森哲战略中国区总裁
常驻北京
yu.jin@accenture.com

何珊
埃森哲大中华区研究部经理
常驻北京
shan.he@accenture.com

技术

物联网边缘分析：更智能的“末梢大脑”

聊天机器人不只会“聊天”

物联网边缘分析：更智能的“末梢大脑”

文 特丽莎·董（Teresa Tung）、让-吕克·夏特兰（Jean-Luc Chatelain）、王晓光

提要 物联网部署日趋复杂，业务数据化加快加深。如何以高保真的数据供应链支持更加可靠的实时决策？在云计算和雾计算之外，边缘计算支持的分析技术是未来的发展方向。

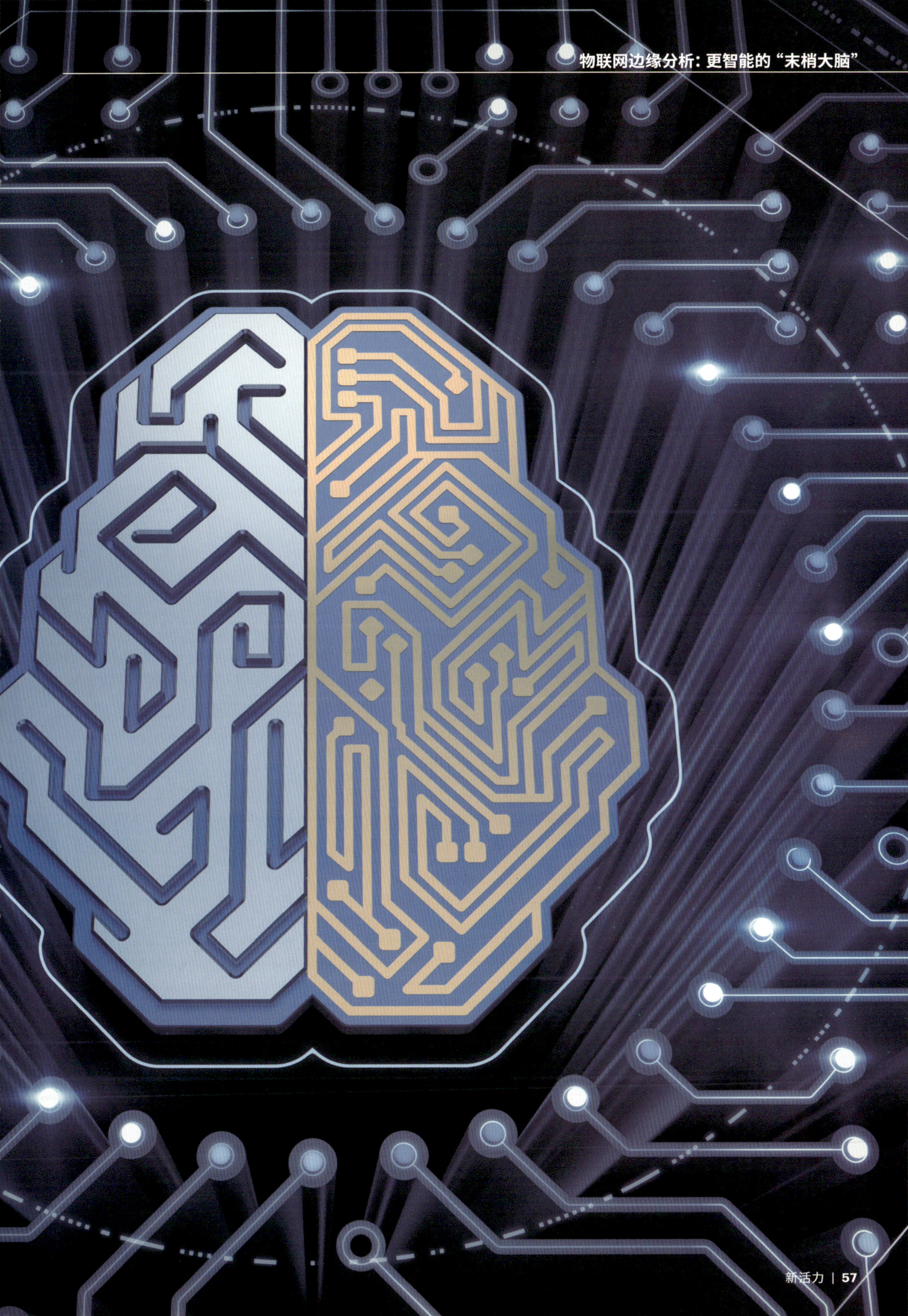

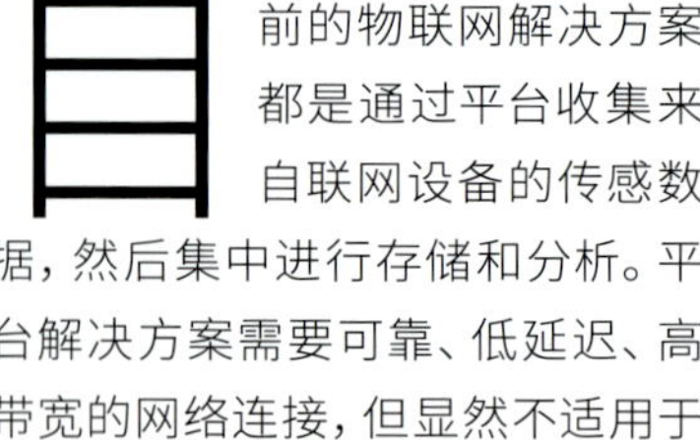

目前的物联网解决方案都是通过平台收集来自联网设备的传感数据，然后集中进行存储和分析。平台解决方案需要可靠、低延迟、高带宽的网络连接，但显然不适用于网络状况不佳、连接受限、收费高昂、地处偏远的企业，也不能满足海量暴增的数据分析需求。

边缘计算支持的数据分析（简称“边缘分析”），可以让物联网边缘设备（即远离云计算中心、靠近产生数据终端的设备）上的高保真数据无须再往返于各个云计算平台，而是依靠先进的机器学习和人工智能分析技术，直接对边缘性数据进行计算和分析以备决策支持。边缘分析即就地对数据进行分析，其优势是基于兼备灵活性和知识性的框架，牢牢把握业务发展逻辑的核心——高保真的数据以及更加可靠实时的决策。

用灵活性摆脱“技术债”

设想一下，一个新型传感器的使用需要特别的解决方案：设备专家进行安装，应用专家依据数据科学家建立的模型开发分析应用程序。该程序通过新型传感器生成了相关数据。三位专家之间明晰的协调配合有助于全面性解决方案的实施：共享有关传感器功能、应用程序和模型的相关知识。随后，与现场工程师合作，在多个站点上配置和部署边缘性实例——新的物理传感器。

但是，如此紧密的相互依赖性却限制了解决方案在大型企业运营环境中的可扩展性和可维护性。在精简操作流程方面既没有可重复使用性，也缺乏灵活性，同时还造成了组织管理和业务监督的缺位。

垂直整合的解决方案虽然可以直击痛点，但需要对物联网堆栈中的各个方面进行有效控制——从边缘性计算机硬件到云层组件的集中编排。这种解决方案会令企业束缚于供应商模式的生态系统中，限制了其使用现有技术，或是部署最佳解决方案的能力。

我们看到，尽管工业物联网企业（包括制造业、运输和石油天然气业务）数十年来始终奔波在数字化和工业资产网络化的进程中，但由于受到监管的约束，他们中的许多企业无法进一步实现创新。日积月累，这些企业反而形成了各种“技术债”积压：比如缺乏专有的解决方案和异构方法，过时的硬件条件，以及多个业务部门边缘性数据收集和分析能力的不足。

运营环境特有的“棕色地带”（容易出现闲置废弃、未充分利用的设施）属性，呼唤着充分的灵活性、可调性。因此，所有边缘分析框架的设计都应支持现有的运营模式，并助力企业无缝迈向现代化生态系统和新技术的应用之路。跨部门的多元化需求意味着企业必须能够针对各项条件给予足够的支持，包括边缘性计算硬件、操作系统、数据处理、存储以及分析运行时间和语言等方面。

用新框架降低复杂性

借助埃森哲技术研究院创建的边缘性分析框架，企业无须对现有的信息和运营技术环境进行彻头彻尾的改变或者引入垂直集成解决方案，即可应对所面临的挑战。我们针对存在异构型环境的企业，提供了各种有关应用、模型和硬件设施建设等方面的方案。同时，我们可助力企业逐步掌握如何更好地利用技术迭代（见图一）。

我们的方案专注于如何应对异构型生态系统所带来的挑战

图一 应用场景示例

	零售仓库中机器人自动化	石油和天然气开采业务	智能交通疏导方案
基于云的企业数据中心	· 订购到特定仓库的路线 · 履行密切相关的项目 · 预测模型的维护 · 更新最佳路由模型	· 全面跟踪资产利用率，并优化资源分配 · 结合天气和交通条件，管理车队及追踪车辆远程信息 · 根据全球数据，更新异常检测和预测模型维护	· 预期流量和负载计算 · 所有车辆的位置 · 车辆接收到时间目标 · 更新视频分析/路由模型
在宽雾层内预先部署计算服务器	· 实时位置和所有机器人的状态 · 在机器人队列中执行部署的项目	· 通过监测地面和井下设备的情形，感知站点范围的场景 · 利用特定地点的历史数据来确定最佳钻井参数，从而提高井眼质量	· 如何达到时间目标的流程/模型 · 为本地环境传入实时流量和加载数据
资产特定的边缘网关	· 智能路由到指定的位置 · 避免障碍 · 运行预测模型维护，并通知网关潜在问题	· 优化流体压力和化学混合物成分，以提高石油开采率 · 分析实时沉积物以确定钻孔成分 · 预测和异常检测模型可减少设备故障，并延长钻头使用寿命	· 通过视频分析来检测交通站点人群密度 · 车辆操作员通过视觉指示器帮助减速或加速以达到当前目标

1. 架构分层体系支持独立分析

架构层的每一层都提供了越来越多的计算、存储和网络容量，适合于执行各种复杂又具有延迟性要求的分析。

因此，我们的解决方案允许每个组件在可替换的位置进行解耦。基于其自身所定义的目标和部署要求，微服务结构可以独立管理每个软件组件。各层之间的异步消息传递（包括与传感器的连接）使这些组件能够使用开放式数据库，彼此进行通信。除了利用整个行业的标准和做法外，使用开放性数据库，使得架构能够具备良好的扩展性，从而支持各种类型的业务发展或特定行业的定制协议。

这种架构分层体系的设计支持雾层（物联网设备之间的局域网）处理器层面的分析，可处理全站点中的设备群数据，或者在底部层级的网关，进行较小规模的传感器数据分析。

2. 抽象层为复杂设备提供通用性框架

企业的边缘计算设备和传感器往往五花八门，许多更是分属不同的业务单位管理，各自为政。每种类型的设备或传感器都有其独特的硬件功能、协议、数据格式和接口，因而增加了整体操作的复杂性。为了确保互用性并鼓励重复使用，边缘框架必须提供标准化方法对相关设备及应用进行管理。

我们的框架利用容器化技术（如Docker）以及异步事件驱动hub（见图二），为边缘设备的潜在复杂性提供了抽象层。

图二 边缘的组件

应用服务

资源监视器

容器管理器

通信管理

上行通信

下行通信

安全

数据加密和网络安全

容器隔离和访问控制

分析和处理

容器部署：操作和分析应用程序

复杂的事件处理

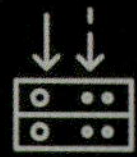

数据存储

边缘数据库

数据采集

活动中心

协议处理程序

应用服务
提供与平台接口的应用程序接口（API）。处理应用程序中输入数据流的控制信息和摘录。

通信管理
将被处理过的北向数据发送到边缘服务器和云层。处理南行路由数据和控制消息。

分析和处理
协调容器边缘应用程序的供应，部署、监控以及用户自定义的分析工作流程。

数据存储
存储原始传感器读数和来自边缘应用程序的处理数据，存储核心平台组件的配置信息。

数据采集
与嵌入层接口以获取和摄取传感器数据。

安全
加密静态和实时数据，利用证书和容器隔离来执行访问控制的策略。

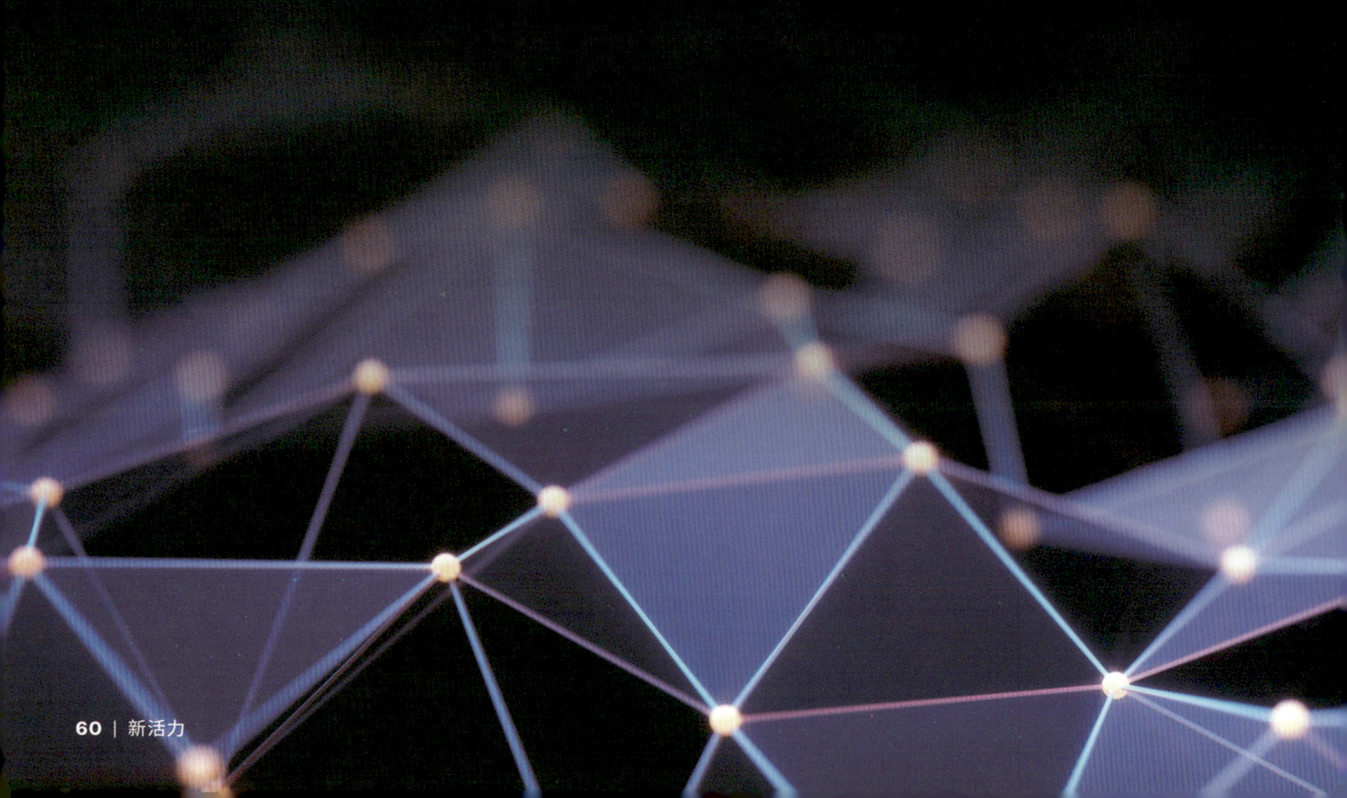

容器化技术为开发人员构建、打包边缘应用程序及分析模型提供了标准化的部署环境。它有助于针对各种边缘性计算硬件，部署边缘性应用和模型，其所具备的可移植性使得开发人员无须过多地考虑各种设备特定的功能、设置和配置。相类似的，由协议转换程序库支持的异步事件驱动hub，对于传感器接口、协议和数据格式的各种变化，进行了抽象性的描述。它是边缘应用程序与传感器、其他边缘应用程序或云内组件进行通信的唯一接口。

基于云技术的知识图示例（见图三）和智能编排服务器有助于我们更好地理解雾层抽象层概念。从知识图谱中可以获取各种边缘设备硬件功能、传感器数据格式及相关协议的元数据，而图形结构则可以将相关功能与应用程序和模型的需求灵活地联系起来。

当新设备或传感器首次启用时，这些详细信息将通过API添加到知识图谱中。通过查询知识图谱，确定具体的设备配置，并在每个设备上编排部署容器化监视组件，实现编排层的自动化运行。

图三 知识图示例

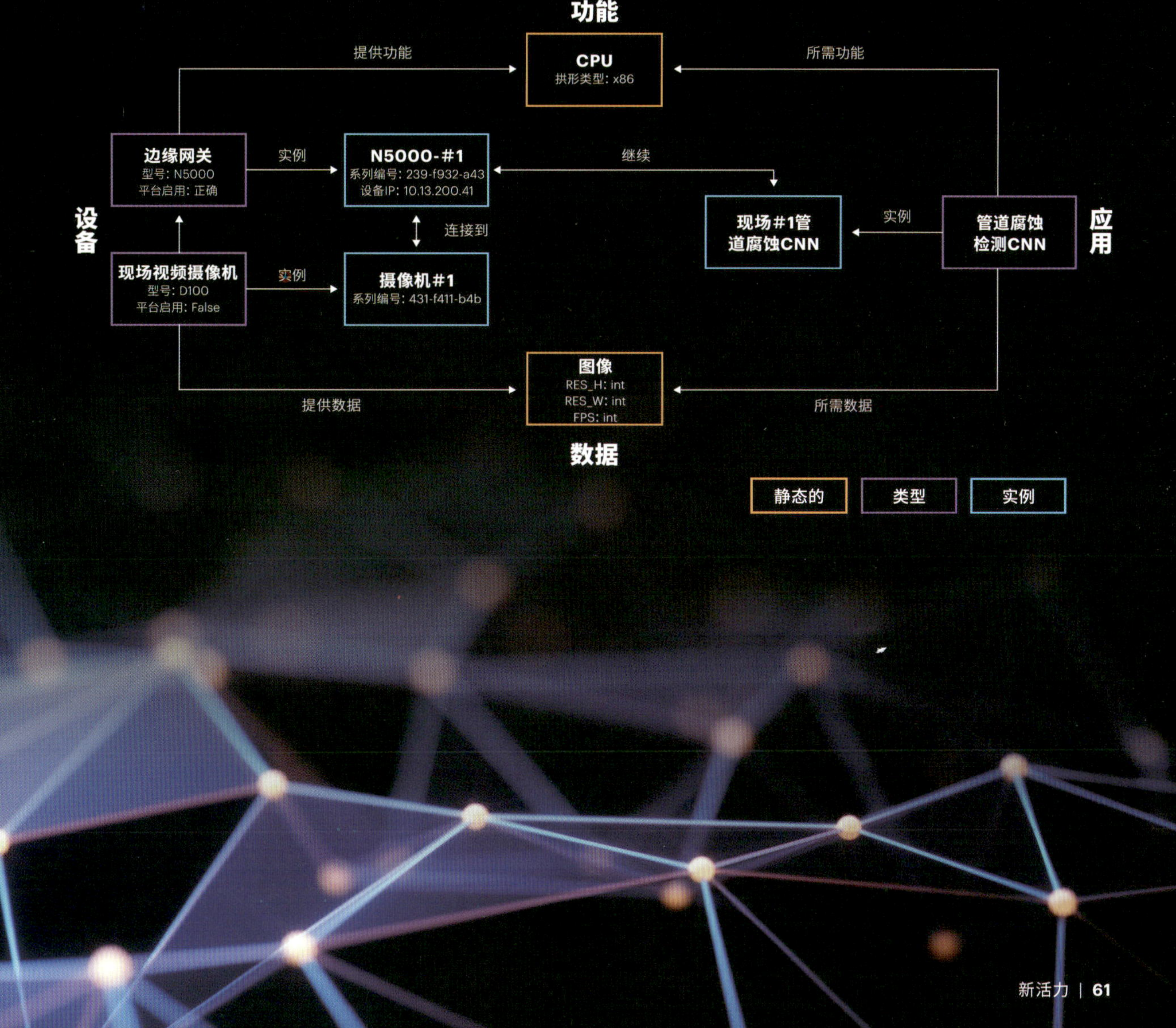

3. 自动化周期模型满足跨部门需求

除了设备之外，还有大量的跨部门应用及模型需求。这包括利用现代化的、高性能工具，借助专业技能及旧程序重用，设计各种异构软件和工具，而这些软件和工具在操作系统、分析运行时间、使用的平台及语言等方面，都各不相同。边缘框架必须提供一套通用的企业级流程来管理和确保混合模型及应用的正确使用，从而简化边缘性的封装、部署、监控和管理工作。

基于云模型的管理框架可提供针对生命周期的管理和治理能力，从而确保了相关模型和应用的正确使用。由于边缘性资源往往有限，且无法保证时时联网，因此确保优先等级的逻辑性一致显得尤为重要，只有这样，才能具备预期的边缘性运行环境。

为此，我们的模型管理功能整合了相关应用及模型的集中式知识图谱，并列明对于硬件及数据的具体要求。比如，在培训或再培训方面，要想有效发挥深度学习模式的作用，则需要配备类似GPU这样的专用硬件。开发人员只须简单地将其作为入职培训流程的一部分标注为模型需求，即可同样体现在知识图谱中。

就边缘设备的部署而言，这包括各种云编排服务，协调知识图谱查询的边缘设备代理，以及根据设备能力及配置确定的模型要求等等。借此实现对边缘设备容器化模型的部署、执行及监控，从而确保各业务部门的独立运营(见图四)。

图四 端到端分析管理

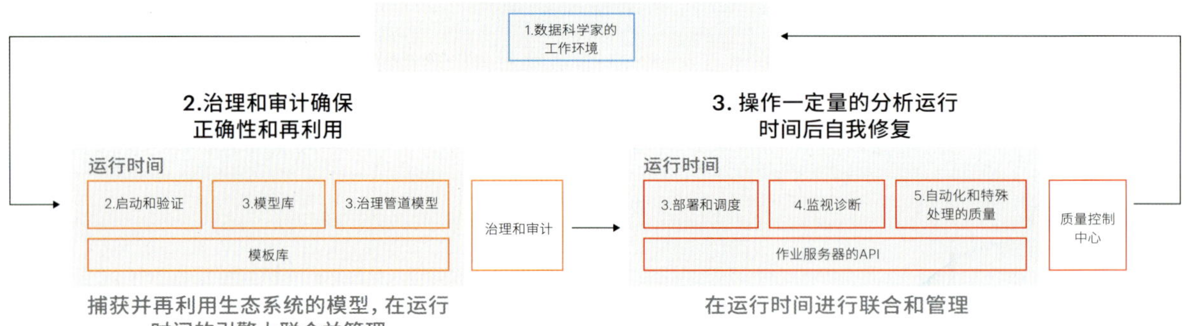

4. 监控治理边缘环境的有限资源

工业设定的边缘环境（例如海上石油勘探平台）往往缺乏充足的计算、存储和网络资源。更重要的是，目前工业X.0机器的传感器每天生成亟待分析的海量数据，但若全部数据流向云层则意义不大。各业务部门通过边缘应用程序可以有效共享这些资源，同时也需要对边缘设备上资源利用的供应、监视和计量给予支持。此外，所部署的边缘应用程序和模型必须确保能够在间歇性、低带宽或甚至无网络的情况下，仍然保持运行。

此外，对于那些用来支持特定分析模型和应用程序的边缘设备，我们的知识图谱可以帮助对其进行开发和管理。一旦目标设备被选中，编排服务器就会用API来首先进行验证，以确定此设备功能是否与分析模型所指定的要求相匹配。然后，它与设备编排代理进行资源协调，按照指定的优先顺序在边缘设备实施模型的实例化操作。

一旦模型被部署，监控代理则会跟踪每个已部署的应用程序或模型，以获取资源利用率数据。同样的，上游代理会优先处理由模型生成的任何数据，并控制对网络资源的访问。这样的流程有助于企业根据优先级，以无缝、无摩擦的方式，对边缘性资源加以明确，分配和统计。

用精细化赋能数字孪生

许多企业已经针对工业资产实现了数字化，并通过建立集中的物联网平台来收集、处理和分析这些资产数据。他们拥有数据科学团队来创建分析应用的投资组合。但鉴于传统工业运营海量数据的特点，仅依靠云技术是无法适用于机器学习和深度学习模型的。高保真数据和边缘性低延迟计算能力需要进一步拓展。

而通过持续进行边缘性模型部署和培训，资产定制得以变得更精细。云层服务将结合跨设备数据，以及个别资产、群体或场所的边缘性特定实例，获取洞察。这种配对方法将对云和边缘的管理联系起来，促进了自我优化模型的良性循环。这是创建数字孪生不可或缺的条件。

我们的综合性方法——跨部门、跨功能地拓展企业级模型管理框架，乃至覆盖云层直到边缘层——有助于实现数字孪生所需的复杂模型。数字孪生在云节点和边缘设备同时存在多个实例，需要通过互相协调才能随着时间的推移进行不断的学习和改进，从而形成反馈环路，提供不断自我升级的专业化服务（见图五）。

图五　物联网的路线图

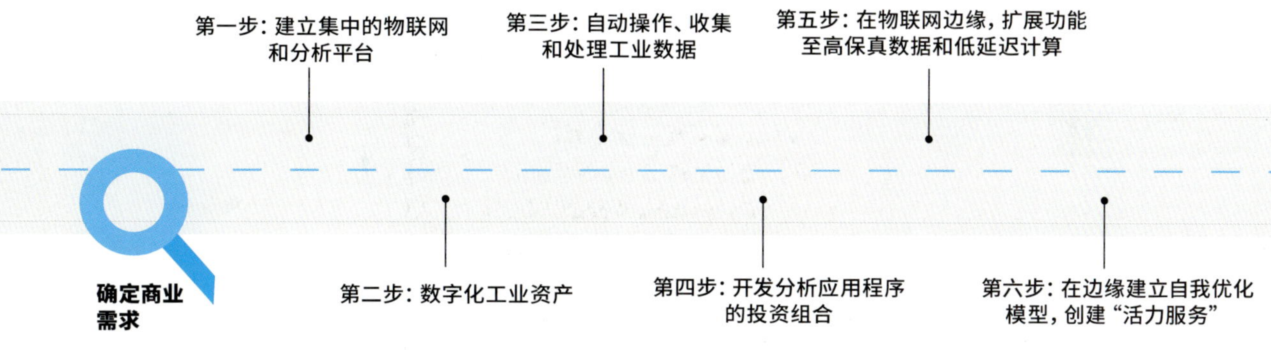

边缘分析发展也给云平台的角色扩展带来了前所未有的挑战。对于边缘分析来说，基于中央云平台的开发和管理十分重要，其用于分析的应用程序和相关设备模型仍是基础，但当实施边缘部署时，则需要针对某些特定的实例和场景进行定制。

为了协调云和边缘，企业也需要分析应用程序、传感设备和现场工程等各领域的专家。他们需要结合传统分析和能够深入理解所在领域、适应动态型工作的人工智能。

总体来说，在这些领域以集中管理的方式协同工作，通过流动性部署、运营及监控从云到边缘的全盘监管，对于任何物联网解决方案都是至关重要的。

特丽莎·董
埃森哲技术研究院应用智能创新主管
董事总经理
常驻洛杉矶
teresa.tung@accenture.com

让-吕克·夏特兰
埃森哲应用智能CTO董事总经理
常驻亚特兰大
jean-luc.chatelain@accenture.com

王晓光
埃森哲中国卓越技术中心董事总经理
常驻上海
danny.x.wang@accenture.com

聊天机器人不只会“聊天”

文 卡迪·斯里尼瓦森（Karthik Srinivasan）、塞西莉亚·阮（Nguyen Cecilia）、普拉文·唐图里（Praveen Tanguturi）

提要 聊天机器人不再是简单的用户应答工具，而是提供信息、完成任务、处理交易的助手，在企业运营中更是大有用武之地。

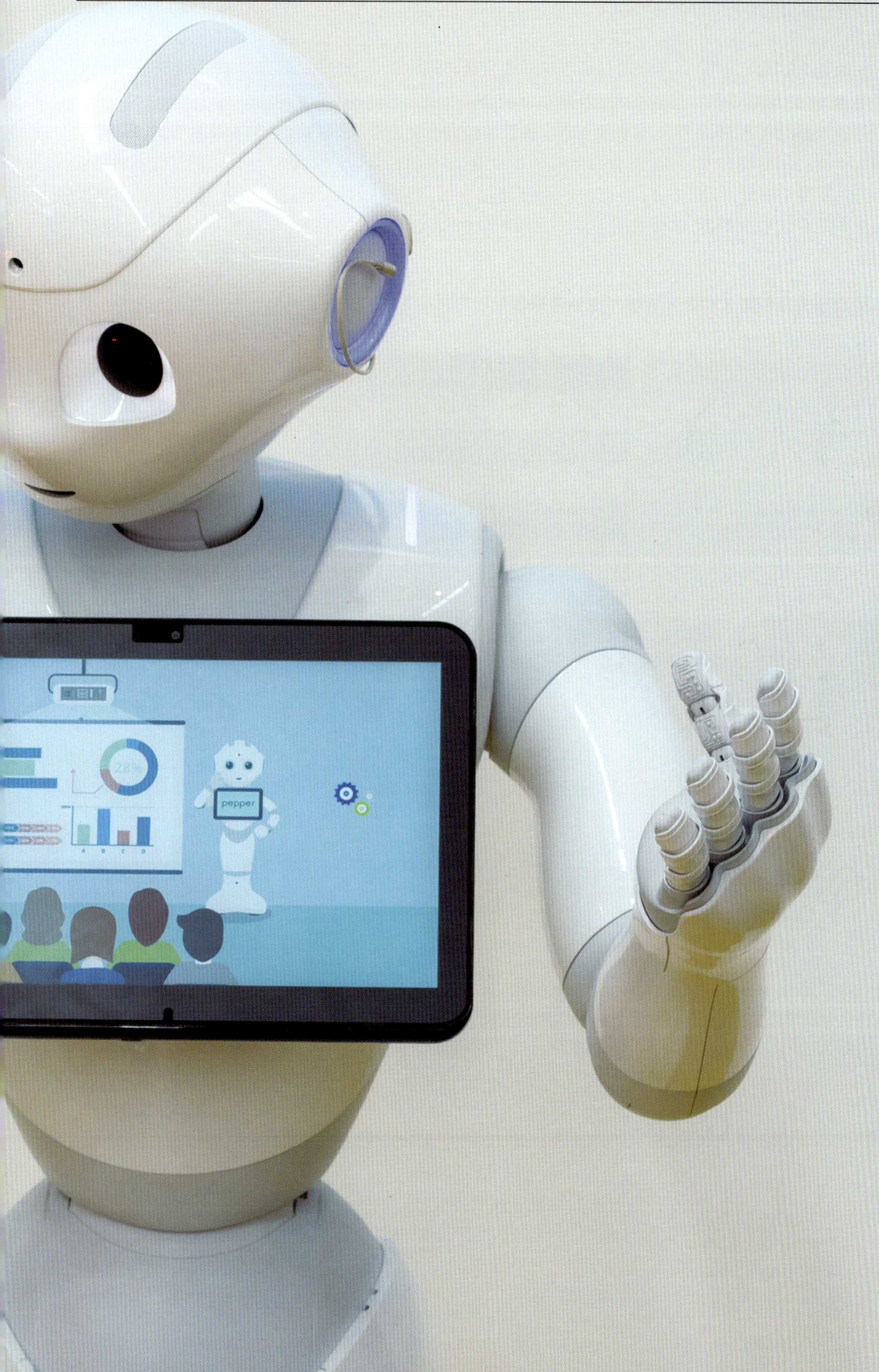
pepper

根据埃森哲研究，全球多家企业的首席信息官和首席技术官认为，聊天机器人（chatbot）将在未来的企业架构中发挥举足轻重的作用，并对企业运营产生巨大的影响，尤其是在帮助改善客户和员工体验这一方面（见图一）。

有趣的是，相对于机器人和AI会对劳动市场产生严重冲击的担忧，我们的研究结果却发现，在新技术所带来的众多影响中，削减企业员工数量的提及比例最低（约10%）。

那么，聊天机器人可以胜任哪些工作呢？按照市面上现有聊天机器人的功能划分，主要有四大类型（见图二）。

图一　企业高管期望未来的聊天机器人能够为企业带来哪些积极影响？

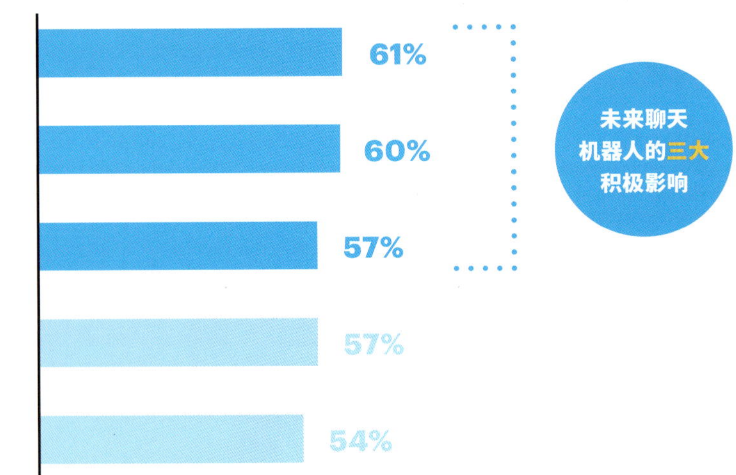

资料来源：埃森哲体验编排即服务调研，2017年

图二　常用的四类聊天机器人

信息供给型

信息供给型机器人能够通过语音、文本或图像提供针对具体客户和情景的非传统解决方案，节省用户获取准确结果所耗费的精力。企业还可以利用这些机器人为客户或员工推送定制化产品知识，从而促进客户或员工互动。

企业生产型

企业定制化机器人是应用机器人技术的全新领域。此类机器人可以连接企业数据资源，从而简化企业运营流程，提高工作效率。例如，员工可以使用这些机器人检查销量、评估营销活动的效果或监控库存状态，还可以用于安排会议、加快并改进决策流程以及加强企业合作。

交易处理型

交易处理型机器人尽管处于起步阶段，但功能十分强大。客户可实现订票、点餐或管理银行账户。支付公司已经涉足此领域，具备支付功能的交易型机器人的问世指日可待。事实上，随着Alexa等语音聊天机器人大获成功，语音支付已经发展成为一种主流付款方式。

设备控制型

设备控制型机器人配备会话界面，支持与互联设备（如可穿戴设备、家用电器和车辆）进行交互，从而丰富用户体验。例如，智能手机或智能音箱这类具备虚拟助理功能的设备可以与智能恒温器、开关和电灯等家居设备配合使用。这一技术将推动家居自动化进程。同样，许多汽车制造商还借助Alexa推出了多项独特功能。

聊天机器人的前世今生

最初的聊天机器人功能十分简单，只支持文本聊天；此后，随着聊天机器人技术的不断发展演进，目前常见聊天机器人的功能已经有了质的飞跃（见图三）。

初代聊天机器人是在简易的应答平台的基础上设计的，能够自动响应基本问题并根据编程执行特定任务，从而提高效率并降低成本。不过，功能仅限于预先设定的编程内容，无法自行学习。

当前的聊天机器人是在第一代AI技术赋能平台的基础上设计的，能够不断学习，完成一个或多个界面的复杂任务。不过，机器人的学习过程仍需要监督，并且只能学习公开的数据集和信息，很难实现跨平台操作且硬件依赖性较强。

随着机器人和相关技术的不断发展，预计明年内，聊天机器人的功能将实现重大突破：在无需人为干预的情况下根据问题的情境采取相关行动。不过，如何整合不同节点、界面和生态系统仍将是一项挑战。

我们希望聊天机器人最终能够突破上述限制，在多个AI界面之间实现无缝操作，发展成为不受模式桎梏的普适系统。他们能够记录所有情境和之前的对话，并据此进行应答。与此同时，还能够与用户进行长时间的复杂互动流程，如共同设计产品组合或就养老金和人寿保险等复杂产品提供建议。

图三 聊天机器人的发展演变

2.0
版本

聊天机器人/应答平台

第一代AI技术赋能平台

无人监督的情境感知学习系统

多模式普适系统

资料来源：埃森哲研究

为何企业不愿和机器聊天?

尽管聊天机器人技术潜力巨大，但超过一半的企业都不愿意采用这项新技术。我们的研究表明，53%的企业（主要分布在公用事业和工业设备行业）尚无投资开发聊天机器人的计划。其中65%的企业表示持“观望”态度，仅9%的公司表示已制定了明确的关于使用聊天机器的企业策略。

首先，观望者顾虑重重。不愿意采用聊天机器人技术的企业高管认为，用户接受程度不高、聊天机器人无法提供个性化服务、无法充分理解使用者意图这三大挑战，会导致机器人难以充分发挥其潜力（见图四）。尤其是第一条，用户不愿意使用机器人，这将是非常致命的。

此外，约40%的高管认为缺乏高级领导层的支持同样也是企业采用聊天机器人技术的一大障碍。

图四 企业高管拒绝使用聊天机器人的原因

用户接受程度差：不愿意与聊天机器人交流

表现不尽如人意：无法根据聊天历史或情境提供个性化体验

表现不尽如人意：无法充分理解用户的问题

涉及全新的隐私、安全、法律、监管领域

缺乏技术过硬的开发人员

搜索机制有待改进

平台碎片化

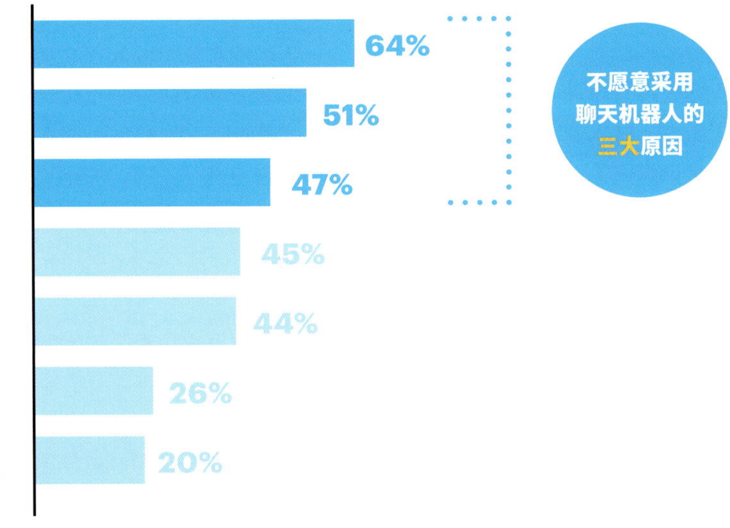

资料来源：埃森哲体验编排即服务调研，2017年

其次，支持者则有意应用。埃森哲调研同样显示47%的高管其所在的企业是聊天机器人的支持者，其中38%的企业已经或计划在未来三年内采用机器人。这些企业（大部分位于医疗卫生、通信和银行业）的机器人部署情况在一定程度上预示了机器人行业未来几年的发展前景。而信息供给型机器人则是企业关注的焦点，在医疗卫生（64%）、通信（59%）和银行业（50%）中最受欢迎。

另有四分之一的企业正在或计划使用企业生产型或交易处理/商务机器人。而目前，只有一小部分企业对设备控制型机器人感兴趣。

但无论采用何种类型机器人，企业均是以客户需求为核心（见图五）。售后和客户服务、客户关系管理以及销售和营销，是目前最常使用聊天机器人的领域，并且此趋势会一直延续。而在计划采用机器人的企业中，上述领域以及审计、财务和会计将成为机器人应用最为普遍的领域。

毫无疑问，在客户相关职能部门中部署的机器人绝大多数用于外部通信，而涉及审计、财务和会计领域的机器人则将肩负起内外部沟通的职责。

图五 高管已经部署或计划部署聊天机器人的领域

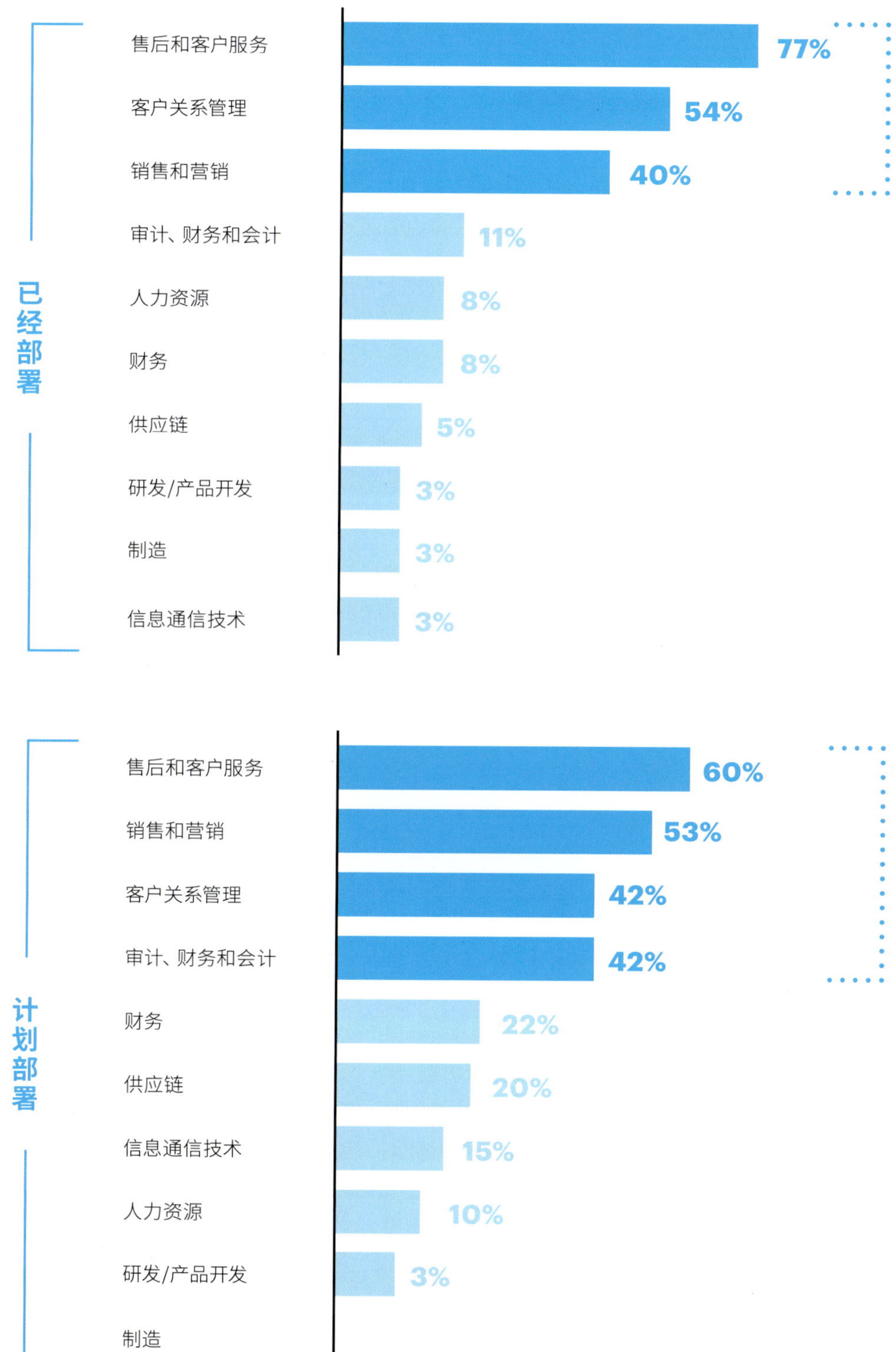

资料来源：埃森哲体验编排即服务调研，2017年

不过，即便对于机器人“支持者”而言，部署机器人的道路也并非坦途。缺乏机器人开发和使用的熟练人才是高管们面临的最头疼的问题，其次是部署和购置成本，数据隐私和安全问题也是常见顾虑之一（见图六）。

图六 机器人支持者在部署机器人时面临或可能面临的挑战

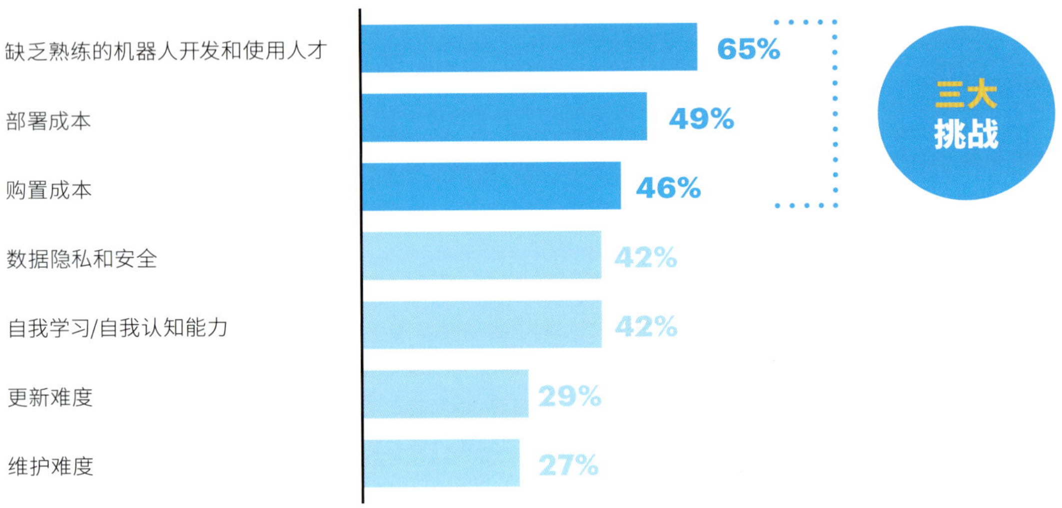

资料来源：埃森哲体验编排即服务调研，2017年

如何为未来投资机器聊天？

尽管挑战重重，但毋庸置疑，聊天机器人行业的未来潜力巨大。

根据埃森哲调研，在已经部署机器人的企业中，91%的企业第一年的预计投资回报为1至5倍。丰厚的回报使得企业热衷于部署该项技术，78%的企业已经部署机器人或计划在未来三年内增加聊天机器人领域的投资（平均增长率3%）。

显而易见，使用机器人是大势所趋。鉴于最先试水机器人的企业大获成功，越来越多的企业开始采取行动。而制定机器人战略则是首要任务，也是非常关键的一步。该战略应当探索如何确保企业自己的机器人具备独一无二的功能，从而在茫茫机海中脱颖而出，吸引客户；确保真正了解客户的需求并据此设计机器人使用体验；还要将机器人与其移动和Web服务完美融合并妥善处理安全和隐私问题。机器人战略还应当与企业的整体技术愿景和战略保持一致，制定全面的路线图，指导企业顺利开展机器人部署工作。

除了制定机器人战略，无论是应用机器人技术的新手企业还是已拥有相关经验的企业，必须做到以下三点以确保成功开发、部署和使用机器人。

第一，确定机器人的使用领域和类型

企业需要考虑在哪些领域使用何种类型的机器人，才能获取最大收益。目前，信息供给型机器

人技术最为成熟，也相对容易实现。埃森哲自有的商业道德规范（COBE）聊天机器人就是一个极具代表性的成功案例。在商业环境愈发复杂，法律法规不断变化更新的大环境下，COBE遵循埃森哲自有的商业道德准则，迅速高效地满足公司44.9万名员工获取商业道德信息的需求。员工可以随时随地的以多种方式匿名咨询在具体情况下应该采取哪些行动，合规办事。

企业还需要了解如何实现机器人与未来员工队伍的有效整合。机器人作为第一批智能机器的一部分，正在逐步颠覆企业的运营方式。为此，企业必须重新设计当前的工作性质、重新定义员工角色、推动员工团队转型以适应全新商业模式并增强员工技能以充分利用智能技术。

第二，设定切实的回报预期

诚然，在投资回报率方面，聊天机器人有望帮助企业削减成本并增加收入。企业也必须认识到，机器人所带来的许多益处都是无形的。例如，助力客户更好地了解企业产品或服务、提高客户服务人员的知识水平和生产效率或改善客户旅程体验，这些优势对企业营收和利润的影响可能并不是非常明显。换言之，部署机器人的企业需要切实考虑如何衡量回报以及期望获得哪些回报。

第三，制定合理的机器人部署方式

企业还需要解决人才匮乏这一短板。埃森哲研究表明，60%的企业高管认为其企业内部并不具备开发和部署机器人所需的技能。同时，这也是54%的机器人热衷者更愿意与外部供应商合作开发聊天机器人或消息解决方案的主要原因。企业需要评估自身是否具备足够的能力独立部署机器人，否则就需要考虑如何获取所需帮助。

事实上，随着AI技术的发展，智能化未来已不再是梦。企业必须紧跟时代趋势，做好万全准备，否则就会被时代所淘汰。部署机器人是成为智能企业的第一步，而且切实可行、易于管理。在机器人的帮助下，企业能够迅速做出明智的决策、提高运营效率并为客户和员工打造良好体验，从而制胜未来。

卡迪·斯里尼瓦森
埃森哲数字服务董事总经理
常驻班加罗尔
karthik.srinivasa@accenture.com

塞西莉亚·阮
埃森哲数字服务成长与策略部门
企业战略总监
常驻休斯敦
cecilia.nguyen@accenture.com

普拉文·唐图里
埃森哲思想领导力主任研究员
常驻班加罗尔
praveen.tanguturi@accenture.com

中海油：打破信息孤岛，转型数字化供应链

文 童华、吴雯静

提要 中海油通过数字化供应链转型，打破信息孤岛，让采购部门成为企业增长新引擎。

传统供应链亟待赶上快速变化的新市场需求。虽然很多公司已着手开发新技术，但往往只侧重于提升单一功能，陷入只见树木不见森林的尴尬局面，供应链运行在多个子系统中，未能形成一个面向用户需求的集成系统，这致使大部分企业过去对于传统供应链的投资难以获得持续的回报。

究其原因，是由于分散的传统供应链组织导致企业缺乏全局观、缺乏全流程可见性，另外采购人员也缺乏相应的技能。

- **缺乏全局观。**导致企业供应链系统响应速度缓慢、目标不统一。供应链各职能部门制定的运营模式、组织布局和流程在业务节点间形成了信息孤岛。无法形成企业全局观，更可能导致部门间的利益冲突，阻碍了决策、延长了供应链响应时间。
- **缺乏全流程可见性。**当前的流程造成供应链在订单、产品或出货层面上缺乏端到端的可见性，导致供应链计划不准确、执行成本增加，并且无法迅速应对突发性问题。
- **缺乏面向未来的技能。**当今供应链要求供应链管理者和执行者具有跨职能的决策、财务、运营、综合信息分析和展示的能力，遗憾的是，目前供应链部门的管理者尚欠缺这方面的能力。

在大型企业中，供应链孤岛现象较为普遍。传统的供应链组织结构是围绕着业务功能而建的，如需求规划、供应规划、制造、产品生命周期管理、运输管理和客户服务等。每个部门都有相匹配的系统功能，并试图使这些特有功能的性能指标最大化。

作为一家特大型企业，中国海洋石油集团有限公司（简称中海油）也曾受困于供应链孤岛式运营带来的资源浪费和响应迟缓问题。在进行供应链改革前，中海油供应链建设目标是“保证供应”，高度关注在规定的时间保证生产需求，从而造成了重复储存和仓储资源浪费，占用大量资金和仓储资源，使得整个集团难以进行统筹调配，更不要说发挥采购的规模优势了，因此无法实现整个供应链管理效率与成本的优化。

供应链数字化转型六部曲

21世纪是中海油加速国际化进程、拓展业务领域的关键时期。为此，公司从管理体制、流程、人才等深层次转型入手，利用七年时间，从无到有建设了中海油采办交易系统及集成平台，实现了采购管理全流程信息化和业务闭环，并于2018年实现了全面的采办无纸化。

这一平台的建设促进了中海油从供应链管理机制到业务流程的深度融合和全流程可视化、可监管、可审计，提升了供应链响应速度，并为未来实现供应链聚能平台和“现代供应链”奠定了坚实基础、储备了人才和能力。

整合资源
启动机制变革

中海油认为，仅依靠信息化系统建设并不能解决供应链转型的深层次管理问题，更不用说构建面向未来的供应链价值网络了。供应链数字化转型首先要对机制体制进行改革，构建数字化供应链改革的内生动力和能力。

因此中海油改革重点聚焦三个方面：一是在各二级单位设立采办共享中心，实现采购人员、业务和库存的“三集中”，调整结构、优化职能。二是建立职业发展通道，打造一支专业化的采办队伍。三是实施品类采办，促进采办集中化、规模化、标准化。

在二级单位设立采办共享中心，全面实现了中海油采办部由商务管理向供应链管理职能的转变、从采办计划向供应链综合计划职能的转变。采办共享中心总体职责是提供高效采办，保证及时供应，包括采购计划的整合与快速响应、采购标准化、建设物料超市电商平台，实施低值高频次物资采购、寄存寄售、联储共备、快速的物流响应。为此，采办共享中心采用了“品类管理”与“前中后台”相结合的三种职能划分模式（见图一、图二）。

采办共享中心承担的另一重要业务职能是采购供应链一体化管理。在承担需求计划、品类管理、寻源采购、库存管理等业务职能的同时，采办共享中心逐步整合、创新、推动采购服务共享化。各业务单位除需求提报、零星和紧急采办外，可以承担一些后台工作。

物资管理是采办共享中心的另一重要职责。物资管理能力的提升对于面临油价下行压力的油气企

图一 采办平台的普遍应用为采办共享中心的两级管理、三种运营模式提供了支撑保证

模式1：一个中心

二级公司

采办（共享）中心

业务单位1 业务单位2 业务单位3

如：有限各分公司等

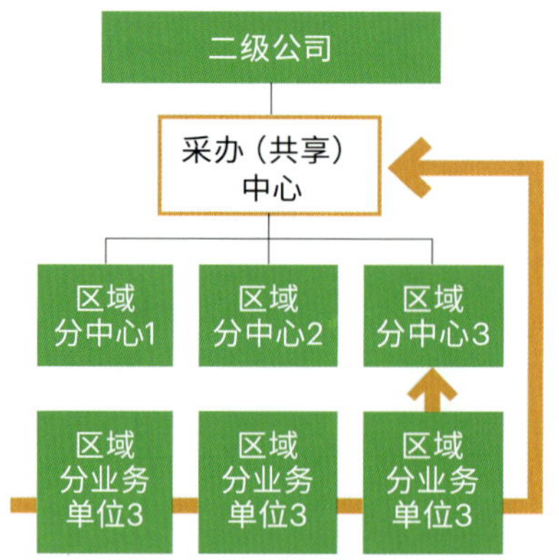

如：专业公司、气电集团等

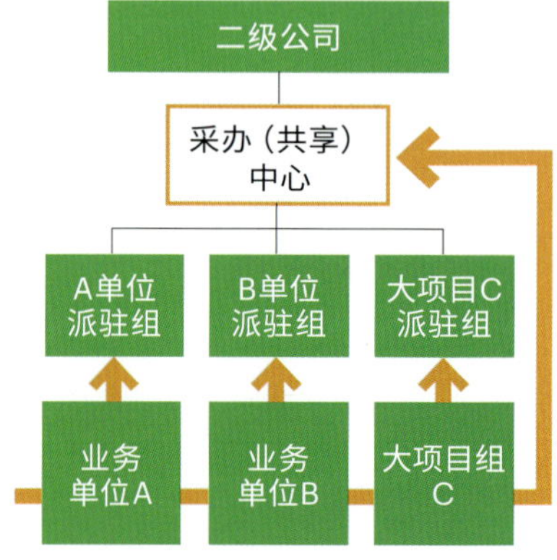

如：炼化公司、化学公司等

资料来源：中海油

图二 采办共享中心承担采购供应链一体化的业务职能

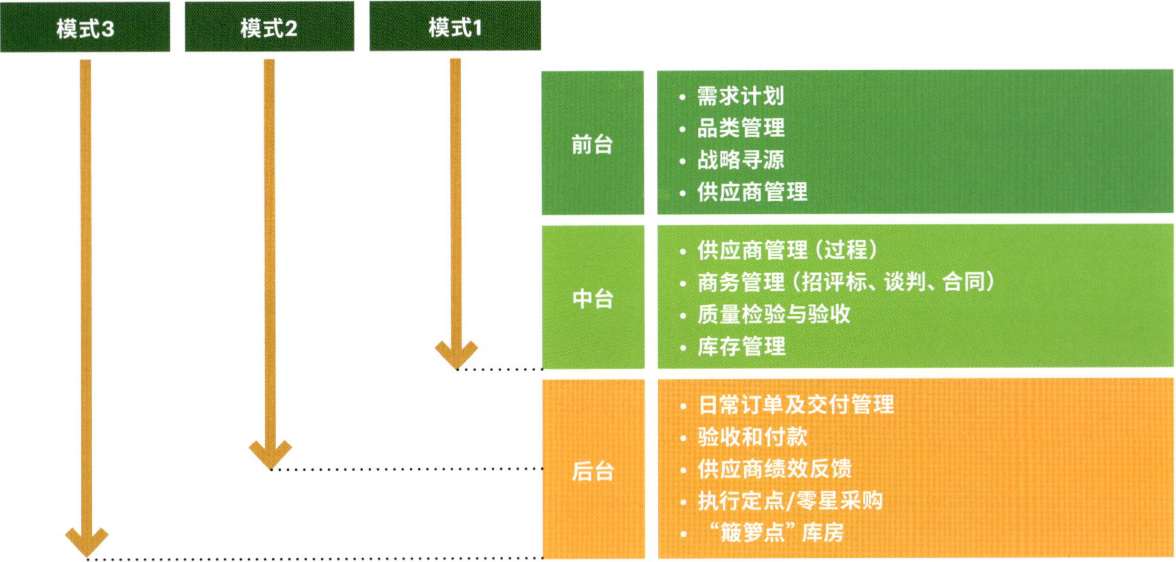

资料来源：中海油

业来说意义重大。中海油采办部和埃森哲项目团队在研究了全集团物资管理症结后发现：虽然问题表现为库存高、积压多，但其实质是供应链各环节协同能力不足，难以从物资全生命周期总成本角度考虑物资供应管理。

为此，中海油采办共享中心完善了多级库存控制以及资源优化能力，实施了统采联储机制。统采联储是中海油供应链改革的一大创新，指通用物资通过集中管理、集中存储发挥聚集效应，减少了多头储备，解决了储备资金占用大等问题，优化了总体成本。为了打破部门壁垒，发挥协同和制约效用，综合计划的制定由多个部门参与，并在业务部门和物资管理部门之间建立密切联系，从而使物资部门能对业务需求做出快速响应。

下一步，中海油将在采办交易系统及集成平台的基础上，以品类管理和供应链生态系统建设为突破，构建品类全生命周期管理模式，还原供应链中物资的全生命周期成本。

品类管理处于供应链管理的高级阶段，更加接近价值管理，是中海油供应链聚能平台战略落地的重要举措。品类管理的精髓在于优化管理供应品类，对采购的商品和服务的价值链生命周期进行全面监测，满足企业经营目标。

要实现品类管理，品类经理的招募和培养至关重要。品类经理需由技术商务复合型人才担当，针对所采购的物资品类进行市场分析，对采购行为做出合理、正确的决策，提升企业资本支出性价比、降低供应风险。

目前中海油品类管理实施进程正在稳步推进之中。

固化监管 强化数字信任

传统供应链粗放的“人治”管理模式往往带来监管疏漏、人为错误造成的高额成本等问题。对于大型企业来说，由于业务庞大复杂，采办与物资的管理制度和实施方案在不同业务环节落实的程度也有不同。

在转型过程中，中海油需要在数字化供应链流程中平衡好标准化和个性化的问题，以确保数字信任和信息安全。

借助数字化流程，中海油得以在系统中将监管和信任机制固化下来，例如，通过系统校验、标准化流程、系统驱动、24小时网络监管及审批金额等，确保信息完整、业务规范及权职清晰；通过建立采办业务电子认证服务系统，以服务的方式向全集团提供供应链流程中身份认证、数据签名及电子签章、数据加密和时间戳；通过与ERP的集成，采购系统还实现了采办准备、执行、监管、审计一体化，在采购流程的各个节点固化了风险管控措施。

目前，中海油90%以上的生产建设物资实现了电子化采购，采购全过程操作信息和结果信息全部记录在网上，实现了“业务公开、过程受控、全程在案、永久追溯”。采购人员的自我约束意识显著增强。同时，这些在线信息还为大数据分析、主动式风控管理夯实了基础，为持续优化改进采办管理流程提供了有效手段。

盘活数据 提升决策与管理能力

数字化供应链系统的成功应用要基于深入而丰富的数据及相应的分析工具。

借助采办交易系统及集成平台，中海油将分散在集团各业务单元的相关信息进行汇总整合分析，对采购的执行情况予以跟踪和绩效评价，并运用多种统计模型分析采办交易行为和价格数据，针对不同业务需求进行决策支持，从而在集团内部打破数据壁垒，解决了采购决策缺乏依据、采购价格不透明等问题。

集成平台还创新性地试点了全生命周期成本的概念。中海油不仅考量价格成本，还把价格之外的持有成本、采办过程的时间效率成本等都纳入考察中。通过大数据分析后，这些隐形成本也“可视化”了，通过“高频招标”、“高频采办”等动态图表向用户展示出来。

大数据还帮助中海油实现了中国海油总部与所属单位供应商两级管理，实时共享每个供应商和每笔采购合同的相关信息。这不但打造了供应商公平竞争的商业氛围，还为采购行为分析奠定了基础。该平台内嵌了监督管理模块，通过对供应商、评标专家等参与方行为的细致分析，查看投标方与招标方在行为上的关联性，以辅助监督供应商投标行为的合法性以及专家评标的公正性。

在集团中，中海油服是大数据应用的代表。中海油服从2012年开始探索大数据应用，历时5年，完成了装备数据体系构建，将旗下五大业务板块有机融合，形成预算、项目、库存、采办、供应商“五位一体、完整闭环”的数据网络。[1]

中海油服建立了预算一体化跟踪数据库，实现了对合同预算的月度管控。例如，在大型项目中，钻井事业部提前规定每类商品的预算金额，根据需求和价位进行采购，并将整体预算管控节点由项目结束环节提前至合同签订环节，实现项目预算实时入账核对，节约了整体成本。钻井事业部大数据库还可以按照交易次数与金额，从采购区域、业务类别、物料编码、供应商属性四个维度进行统计分析，排名得出不同类别的前十名，成为采办环节的重要参考依据。[2]

此外，大数据还帮助中海油构建了供应商淘汰机制。这可使公司及时掌握供应商的成长规律，有针对性地加强关键供应商的选拔培育。

用户为重 创造客户价值

用户需求和体验是数字化供应链价值延伸的核心和原动力。从用户最急需的应用入手，中海油建立了远程电子评标室、中海油集采超市等系统，并通过完善多渠道用户服务和反馈系统、客制化开发等手段实现了全新的用户体验，吸引了越来越多的用户主动应用电子采购服务平台。

在这些客户体验的开发和推广中，中海油充分运用了“设计思维”，以一种全局视角去理解客户，并让企业运营回归“创造客户价值”的初衷。目前，设计思维已经成为中海油数字化供应链变革中的新常态。

重塑人才 激发员工潜力

采办平台实现了流程化工作的自动执行，加强了采购信息共享和采购业务管控，极大地减少了大量人工工作，将采办人员从繁杂的业务操作上解脱出来。

因此，中海油重新配置了采办队伍。通过培养复合型人才和数字

---

[1] 来源：大数据成装备管理新引擎，http://www.cnooc.com.cn/art/2017/12/15/art_331_2808731.html

[2] 来源：围观！看中国海油如何用大数据“节流”，http://www.sohu.com/a/214645430_556391

化应用人才实现专业人干专业事，同时通过设置新的职业发展通道等措施，中海油实现了采办人员能力重置、采办队伍结构和职能的调整优化。

过去由于采办团队数量多但力量弱小，需求单位的许多生产技术人员不得不参与采办业务。实现专业化分工后，生产技术人员从“参与”转变为“监管”，实现专业人干专业事，既能解放生产技术人员，减少对其时间和精力的占用，又能充分发挥需求标准化、采办规模化的作用，极大提升了采办价值。

此外，由于采办平台提供了大量分析、可视化工具，激发了员工的创造力。采办人员灵活应用这些数据资源和分析工具，集思广益、激发管理创新原动力，积极挖掘集中采购、协议采购等采办方式中降本增效的新方法、新思路。

实战复盘：供应链数字化转型怎么做？

供应链的数字化转型不仅仅是一次小的系统升级。正如中海油的供应链变革，企业必须着眼于供应链全过程，并强调供应链在企业间的跨界融合，创造新的价值增长点。

为此企业需要打破功能孤岛，重新定义优先级，并建立端到端可见的管控、计划和执行能力。在向供应链X.0数字转型的道路上，企业需要考虑：

用户思维

企业应当从用户需求出发设计供应链的运营模式，并与供应链业务保持一致。这将促进丰富的可用数据的获取，以及数据在供应链间的共享和利用，推动可预测性分析、加强采购决策和市场响应能力。

与用户紧密连接也使供应链X.0的数据来源更加丰富，如终端消费者设备，多个销售点以及内部和外部数据仓库，配备传感器和遥测功能的连接设备，甚至供应链X.0还会从社交平台上寻求有效数据。

集成平台

在供应链X.0中，流程是端到端的、跨越传统的功能以及与物理供应链保持一致的。因此企业需要实现端到端的供应链计划和实施，例如在整个供应链集中计划时解决供应商工厂的异常流程。

而平台可以支持各相关方进行互动，并从供应链系统中分享实时数据，成为供应链X.0的重要组成部分。企业既可以基于平台在供应链系统中共享、讨论、审查和批准报告和方案并立即执行决策，随着异常的产生或潜在风险的出现，供应链相关管理人员还可以立即在平台上创建解决方案并进行群体讨论，快速得出结论后立即执行。

人才战略

供应链X.0的集成型运营模式需要一把手推动，同时也需要具备跨职能协调能力以及兼具技术与商务知识的复合型人才。他们能够执行端到端的业务流程，实现跨组织协作，例如，与销售和营销部门合作，与业务计划和财务部门保持一致，以管理供应链绩效。这些人员还代表公司与外部的供应链合作，与供应商和客户开发跨组织供应链计划和异常问题的解决方案，以协调各利益方的预期。

而企业可以通过岗位职能调整，招聘、培养、保留复合型人才或利用众包、外包、流动性人才（Liquid Workforce）等模式汇集内外部特殊人才，为供应链X.0提供所需人才。

未来属于智能化运营企业。企业应充分利用智能化工具打造智能采购、供应商战略、可预测的战略寻源等，从而降低成本和管控风险，并发掘新价值来源。

在企业向数字化供应链转型的过程中，机制奠定基础，技术助力运营，监管保障安全，用户意识引导新价值，人才推动可持续发展。

处于数字化变革时代的供应链组织必须加快改革步伐，与时俱进，唯有此才能帮助公司在不断变化、日益复杂的市场竞争和客户期望中立于不败之地。

童华
埃森哲大中华区研究部经理
常驻北京
freda.hua.tong@accenture.com

吴雯静
埃森哲大中华区信息技术服务经理
常驻北京
wendy.wenjing.wu@accenture.com

关于埃森哲

埃森哲公司注册成立于爱尔兰，是一家全球领先的专业服务公司，为客户提供战略、咨询、数字、技术和运营服务及解决方案。我们立足商业与技术的前沿，业务涵盖40多个行业，以及企业日常运营部门的各个职能。凭借独特的业内经验与专业技能，以及翘楚全球的交付网络，我们帮助客户提升绩效，并为利益相关方持续创造价值。埃森哲是《财富》全球500强企业之一，目前拥有约44.9万名员工，服务于120多个国家的客户。我们致力驱动创新，从而改善人们工作和生活的方式。

埃森哲在大中华区开展业务30年，拥有一支约1.5万人的员工队伍，分布于多个城市，包括北京、上海、大连、成都、广州、深圳、香港和台北。作为可信赖的数字化转型卓越伙伴，我们正在更创新地参与商业和技术生态圈的建设，帮助中国企业和政府把握数字化力量，通过制定战略、优化流程、集成系统、部署云计算等实现转型，提升全球竞争力，从而立足中国、赢在全球。

详细信息，敬请访问埃森哲公司主页www.accenture.com以及埃森哲大中华区主页www.accenture.cn。

埃森哲在大中华区八个城市设有多家分公司以下是主要办公室的联系方式：

埃森哲（北京）

北京市朝阳区东三环中路1号
环球金融中心西楼21层
邮编:100020
电话:(8610)5870 5870
传真:(8610)6561 2077

埃森哲（上海）

上海市淮海中路381号
中环广场30层
邮编:200020
电话:(8621)2305 3333
传真:(8621)6386 9922

埃森哲（大连）

大连市软件园东路44号
邮编:116023
电话:(86411)8214 7800
传真:(86411)8476 0488

埃森哲（广州）

广州天河区天河北路898号
信源大厦13层
邮编:510898
电话:(8620)3818 3333
传真:(8620)3818 3399

埃森哲（成都）

成都市高新区拓新东街81号
天府软件园C区7号楼8楼
邮编:610041
电话:(8628)6555 5000
传真:(8628)6555 5288

埃森哲（深圳）

深圳市福田区华富路1018号
中航中心15楼06B-08
邮编:518031
电话:(86755)8864 8700
传真:(86755)8831 5469

埃森哲（香港）

香港鲗鱼涌华兰路18号
太古坊港岛东中心41楼4103-10室
电话:(852)2249 2388
传真:(852)2850 8956

埃森哲（台北）

台北市敦化南路2段207号
远东大厦16层1601-1603单元
电话:(8862)2192 6030
传真:(8862)7711 1299